쉽고 간단한 **베트남어**
회화
표현
UP

■Digis

≫머리말

열공, 생각대로 말하는 베트남어 회화
우리말, 생각대로 말한다 _ 베트남어 회화!

베트남은 여러가지 면에서 우리나라와 매우 밀접한 관계를 맺고 있다. 과거 정치적·역사적으로 가까운 관계에 있었다면, 현재는 경제적·문화적으로 더욱 많은 교류가 이루어지고 있다. 한류와 경제협력을 통해서도 많은 사람들이 양국을 오가게 되었고, 필연적으로 서로간의 언어를 배워야만 하는 필요성을 동시에 느끼게 되었다.

또한, 다문화시대를 살아가고 있는 우리에게 가장 많이 사용하게 되는 언어중의 하나가 베트남어이다.

그래서 우리말 체계로 생각해도 말은 베트남어 식으로 말할 수 있는 이 책을 만들었다.

① 지금까지 나와있는 문법위주의 딱딱한 베트남어가 아니라 우리말표현을 먼저 생각하고, 그 미묘한 **뉘앙스에 따른 현지 베트남어**를 실었다.

② 또한, 우리가 실생활에서 흔히 접할 수 있는 문장들을 다양한 베트남어 표현으로 나타내어, 그때 그때 하고 싶은 말을 바로 바로 구사할 수 있도록 구성하였다.

③ 하나의 문장 속에서 **단어를 바꾸어 새로운 문장을 말할 수 있도록 패턴회화**를 연습할 수 있도록 하였다.

④ 패턴 회화로 활용 할 수 있게 유용한 단어들을 함께 수록하였다.

본 교재가 베트남어를 익혀 실생활과 업무에 사용하는 사람들에게 많은 도움이 될 수 있기를 바란다.

Nguyễn An Ba / 김지선

≫이 책의 구성과 활용

CHAPTER 0

베트남어 발음과 성조

기본적인 베트남어의 알파벳과 발음. 성조를 알아본다.
영어 알파벳과 대부분 비슷하지만, 다르거나 없어지는
발음, 주의해야 할 발음 등을 익히자.

CARTOON

베트남어란?

우리말과 베트남어의 차이에 대해 알아보고, 베트남의
다양한 호칭을 미리 익히자.

CHAPTER 1

기본회화

현지에서 사용하는 일상적인 회화중. 가장 기본이 되는
문장들만을 엄선하였다.
원어민이 녹음한 발음을 들으면서 베트남어에 익숙해
지도록 하자.

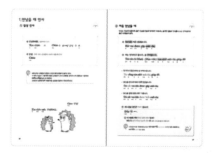

CHAPTER 2

질문과 답변

신상 · 물건 · 시간 · 가격 · 교통 · 위치 · 장소 등과 같은 일상적인 질문들과 답변들을 익힌다.
이유나 설명을 구하거나 부탁 · 권유, 계획 · 결정, 충고 · 주의 등의 표현에 대해서도 간단히 알아보자.

CHAPTER 3

본문

패턴문장과 기본단어

각각의 장면별 상황에 따라 가장 필수적인 패턴문장을 연습하고, 재미있는 일러스트와 함께 기본적인 단어도 익히도록 한다.

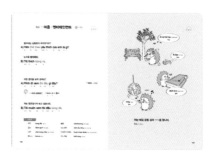

유용한 표현

상황에 따라 유용하게 쓸 수 있는 문장들을 엄선하였다.
특히 우리말 뉘앙스에 따른 베트남어를 할 수 있도록 우리말표현을 먼저 실었다.
문장에서 꼭 알아야 할 문화적 차이나 문법은 tip으로 간단히 설명하였다.

》차례

CHAPTER 0

베트남어 발음과 성조

지금 현재 하노이에서 사용하는 회화문을 위주로 구성하였다. 또한 간단하고 쉬운 문장들로만 구성하여, 처음 배우는 왕초보들도 누구나 쉽게 따라할 수 있다.

문자와 발음

베트남어는 아래와 같이 기본 29개의 알파벳으로 되어 있다.

알파벳	명칭	음가	알파벳	명칭	음가
A a	아 [a]	ㅏ	Ê ê	에 [ê]	ㅔ
Ă ă	아 [á]	ㅏ*	G g	게 [gê]	ㄱ*
Â â	어 [ớ]	ㅓ*	H h	핫 [hát]	ㅎ
B b	베 [bê]	ㅂ	I i	이 [i]	ㅣ
C c	쎄 [xê]	ㄲ	K k	까 [ca]	ㄲ
D d	제 [dê]	ㅈ	L l	앨러 [el lờ]	ㅣ
Đ đ	데 [đê]	ㄷ	M m	앰머 [em mờ]	ㅁ
E e	애 [e]	ㅐ	N n	엔너 [en nờ]	ㄴ

✱ 기호 : 한국어 발음과 다소 다르므로, 발음을 주의깊게 듣고 연습하자.

알파벳	명칭	음가	알파벳	명칭	음가
O o	오 [o]	ㅗ*	T t	떼 [tê]	ㄸ
Ô ô	오 [ô]	ㅗ	U u	우 [u]	ㅜ
Ơ ơ	어 [ơ]	ㅓ	Ư ư	으 [ư]	ㅡ
P p	뻬 [pê]	ㅃ*	V v	베 [vê]	ㅂ*
Q q	뀌 [qui]	ㄲ*	X x	익 시 [ích xì]	ㅆ
R r	애 러 [e rờ]	북ㅈ 남ㄹ*	Y y	이 [y]	ㅣ
S s	앳 시 [ét sì]	ㅅ			

- D(d)와 Đ(đ)는 다르다.
- 베트남어 알파벳에는 f, j, w, z 같은 자음은 없다.
- 모음 위에 부호가 붙은 글자는 ă, â, ê, ô, ơ, ư 등 6개가 있는데, 이런 부호는 성조가 아님에 주의해야 한다.
- 고유명사 인명·지명 등나 문장 맨 앞에 나오는 글자는 반드시 대문자로 써야 한다.

성조

베트남어는 모두 6개의 성조가 있다. 중부·남부발음은 5개이다.

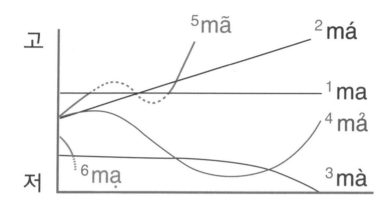

베트남어의 가장 대표적인 특징의 하나는 성조聲調가 있다는 점이다.

성조의 종류에 따라 음의 고저를 구별할 수 있을 뿐만 아니라, 단어의 뜻도 구별할 수 있다.
성조는 음절의 주主모음의 위(5개) 또는 아래(1개)에 표시한다.

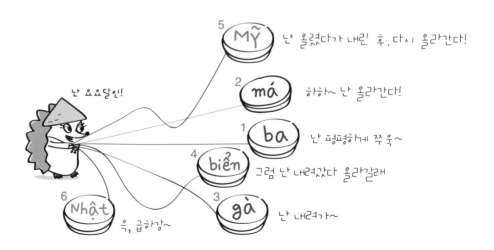

표시방법	성조이름	발음방법	예
a	Không dấu 혹은 thanh ngang	평성으로 소리가 처음부터 끝까지 변함없이 평평하게 발음한다.	• **ba** 바 아버지 • **cơm** 껌 밥
á	Dấu sắc 혹은 thanh sắc	소리를 올려 발음한다.	• **má** 마 어머니 • **đứng** 등 서다
à	Dấu huyền 혹은 thanh huyền	소리를 약간 내려 발음한다.	• **gà** 가 닭 • **cười** 끄어이 웃다
ả	Dấu hỏi 혹은 thanh hỏi	소리를 중간에서 내리다가 올려 발음한다.	• **để** 데 놓다 • **biển** 비엔 바다
ã	Dấu ngã 혹은 thanh ngã	소리를 중간에서 약간 올리다가 좀 내린 후에, 많이 올려 발음한다.	• **cũng** 꿍 역시 • **Mỹ** 미 미국
ạ	Dấu nặng 혹은 thanh nặng	소리를 급격히 낮춰 발음한다.	• **Nhật** 녓 일본 • **đẹp** 뎁 예쁘다

주의해야 할
★ ★
베트남어 발음

d, v, ng/ngh 발음

우리나라 사람이 베트남어를 할 때,
발음하기 **가장 어려운** 글자들 중에
d, v, ng/ngh가 있다.

1) d · r · gi :

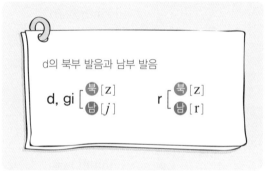

표준 베트남어 발음법에 따르면,
d (da), r(ra), gi(gia)의
발음은 북부와 남부가 서로 다르다.

d의 북부 발음과 남부 발음

$$d, gi \begin{bmatrix} 북 [z] \\ 남 [j] \end{bmatrix} \qquad r \begin{bmatrix} 북 [z] \\ 남 [r] \end{bmatrix}$$

하노이를   비롯한   북부발음은
d(da), r(ra), gi(gia)을 똑같이
ㅈ [z] 로 발음한다.
즉, 영어의 [z]와 똑같다.
예) 북 da dẻ 자 제 피부
    남 da dẻ 야 예 피부

라~~ 남

남부 발음은 r 을 가장 정확히 발음한다. d와 gi는 똑같이 발음하고, 영어의 young에서의 y로 발음하는 경향이 있다.

예) 북 gia đình 자 딩 가족, da dẻ 자 제 피부
　　남 gia đình 야 딩 가족, da dẻ 야 예 피부

2) v :

북 영어의 [v]와 똑같다.
남 [i:]로 발음한다. 이 책에서는 v의 발음을 ㅂ로 표현하고자 한다.

예) 북 Việt Nam 비엣 남 베트남
　　남 Việt Nam 이엣 남 베트남

치~즈으

V 브이~

3) –inh :

xinh 씽, mình 밍등의 단어들은 -inh으로 끝나는데, 북부 발음은 영어의 [-ing]의 발음과 같다. 그러나 남부 발음은 [min]으로 발음한다.

예) mình 북 밍 나
　　남 민 나

베트남 멋지지?

난 멋진 애벌레~

베트남어란?

우리말과 베트남어의 차이, 베트남의 다양한 호칭어에 대해 간단히 일러스트로
구성하였다. 재미있게 읽으면서 문화를 이해하도록 하자.

우리말과 베트남어의 차이

언제 베트남에 가요? 언니~

선생님한테는 언니라는 호칭을 쓰면 안되요.

한대 맞자!

베트남어 배우러 출발!~

응! 응!

나도 데려가!

Chợ nổi 쩌노이   수상시장

① 문장에 주어가 있어야 한다.

문장에서 호칭어를 쓰지 않으면, 반말로 말하는 것과 같다.

우리말은 대화할 때, 나와 상대의 호칭어가 생략되는 경우가 많다. 하지만, 베트남어는 꼭 문장의 주어인 사람의 호칭이 있어야 한다.

| 우리말 | A: 언제 베트남에 가요? |
| | B: 2월말에 갈 거야. |

베트남어

A: Bao giờ chị đi Việt Nam?
　　언제 언니호칭어 가다 베트남
언니 언제 베트남에 가요?

B: Cuối tháng 2 (chị) sẽ đi.
　2월말에 언니호칭어 갈 것이다.
난(이 언니는), 2월말에 갈 거야.

호칭어가 생략되는 경우
자신보다 나이가 어린 사람과 대화할때는 호칭어를 생략할 수 있어요.
그리고 친한 친구의 경우도 생략하기도 해요.

② 호칭어가 다양하다.

베트남어는 우리말과 달리 상대방을 부를 때,
상대의 나이에 따라 적절한 호칭을 사용한다.
베트남의 호칭어는 대부분 친족과 관련있다.

가족주의 영향으로 학교, 직장,
또는 사회생활에서 상대방을
부를 때, 친족의 호칭으로
부르는 것이 상대방에게
친근감을 준다.

상대방이 남자인 경우 나이에 따라	
· 오빠/형	**Anh** 아잉
· 아저씨/삼촌	**chú** 쭈
· 큰아버지	**bác** 박
· 할아버지	**ông** 옹

상대방이 여자인 경우 나이에 따라	
· 언니/누나	**chị** 찌
· 이모	**cô** 꼬
· 큰어머니	**bác** 박
· 할머니	**bà** 바

이모~ : 베트남어로 상대방을 부를 때, 상대방 호칭
어 또는 상대방 이름 뒤에 **ơi** 어이라는 단어를 붙인다.

19

상대방의 성별에 관계없이 자신보다 나이가 적은 경우

- 동생 **em** 앰
- 손자
- 손녀 **cháu** 짜우
- 조카

처음 만났을 때 자신과 나이가 비슷한 경우

자신을 **tôi** 또이라고 하며,
상대방이 ┌ 남자인 경우 **anh** 아잉
        └ 여자인 경우 **chị** 찌 로

부르는 것이 가장 적합하고,
예의가 바른 표현이다.

단, 상대방 나이가 할아버지/ 할머니 연배 정도
라면 남자는 **ông** 옹, 여자는 **bà** 바라고 부른다.
나를 **tôi** 또이 대신 손자손녀의 의미도 가지고 있
는 **cháu** 짜우 라고도 말한다.

베트남에서는 지위에 따른 공식적인 호칭이 있지만, 평상시에는 거의
사용하지 않는다.
다시 말해, 지위에 따른 공식 호칭어는 공식적인 행사에서, 상대방에게
처음 소개할 때만 사용한다.
직장에서도 평상시 호칭은 우리나라와 달리 지위에 따른 공식적인 호
칭 과장, 부장 등등을 사용하지 않고 친족의 호칭을 사용하는 편이다.

이 책의 호칭어는 대부분은 **anh**아잉, **chị**찌, **tôi**또이 이다.
실제로 사용할 때는 상대방의 연령과 성별에 따라 적당한 호칭어를 골라서 사용하면 된다.

베트남어의 호칭

Các em học sinh 깍 엠 혁 씽 학생들

em 앰 ~
em~em 앰 ~
이리와봐~~~ ♪

네~에

네~

넹~

나이에 따른 상대방 호칭

상대가 나보다 어릴 때,
em 엠 남녀 공용
이라고 부른다.

네~ 넹~

자!
큰 소리로 따라해
봐요~~~

- 형, 오빠 또래의 남자　　anh 아잉
- 언니, 누나 또래의 여자　chị 찌
- 아버지 연배의 남자　　chú 쭈
- 어머니 연배의 여자　　cô 꼬
- 할아버지 연배의 남자　ông 옹
- 할머니 연배의 여자　　bà 바

남자 남 씨/~님
anh Nam 아잉 남
ông Nam 옹 남

여자 화 씨/~님 / ~여사
chị Hoa 찌 화
bà Hoa 바 화

anh의 경우, 남부 발음은 더 부드럽기 때문에 인으로 발음된다.
~양, ~군은 사용하지 않고 대신 상대의 이름만 부른다.

tip

여러분 các bạn 깍 반
quý vị 퀴 비

các bạn 깍 반은 quý vị 퀴 비 보다 더 평이한 표현이다.

① 회의중에 팀장이 팀원들에게 여러분, 수고 하셨습니다! 라고 할 때, 여러분을 các bạn 깍 반 이라고 한다.

② 발표자나 사회자의 발표에서 자주 나오는 귀빈 여러분을 quý vị đại biểu 라고 한다. 퀴 비 다이비에우

③ 신사숙녀 여러분! kính thưa các quý ông, quý bà! 낑 트어 깍 퀴 옹. 퀴 바

일상생활 회화에서는 사용하지 않고 발표 등 공식 자리에서만 사용한다.

베트남에서 잘 사용하지 않는 호칭

교수님 giáo sư 자오 스,
박사님 tiến sĩ 띠엔 씨
이름 앞에 Thầy 테이나 Cô 꼬를
붙여 부른다.

남 선생님!(남 교수님)
Thầy Nam! 테이 남
응위엔 선생님(교수님)
Cô Nguyễn! 꼬 응위엔

이름을 부를 때는 우리말처럼 성을 부르지 않는다.
예를 들어, 선생님의 풀네임이 Nguyễn Hà Mai 라면 Cô Mai 꼬 마이 라고
부른다. 그 사람을 지칭하는 호칭 + 이름 으로 사용한다.

> tip
> 우리나라에서는 교수님이란 호칭을 쓰지만, 베트남에서는 유치원 보조교사부터
> 대학의 총장까지 모두 선생님이다.
> 여선생님을 Cô 꼬, 남선생님을 thầy 테이라고 부른다.

모르는 사람에게 말을 걸 때

나이와 성별에 관계없이 쓰는 xin lỗi 씬 로이는
영어의 excuse me에 해당한다.

실례합니다. Xin lỗi. 씬 로이
죄송합니다. Xin lỗi. 씬 로이

> tip
> 우리나라에서 많이 사용하는 여기요~, 저~, 여보세요~에 해당하는 표현은
> 듣는 상대의 나이에 따라 상대의 호칭 + ơi 어이를 사용한다.

예) 상대방이 나보다 어릴 때   em ơi 앰 어이,
  상대방이 오빠, 형 또래의 남자 anh ơi 아잉 어이 / 언니, 누나 또래의 여자 chị ơi 찌 어이
  상대방이 아버지 연배의 남자 chú ơi 쭈 어이 / 어머니 연배의 여자 cô ơi 꼬 어이
  상대방이 할아버지 연배의 남자 ông ơi 옹 어이 / 할머니 연배의 여자 bà ơi 바 어이

CHAPTER 1
기본회화

베트남에서 사용하는 간단하고 쉬운 문장들을 엄선하였다.
우리말 표현을 생각대로 베트남어로 바꿔 말할 수 있도록, 원어민 발음을 듣고
따라하며 연습하자!

1. 만났을 때 인사

① 일상 인사

❋ **안녕하세요.** 일반적인 인사

Xin chào. = Chào + 상대방 호칭 + ạ.
씬 짜오   짜오   아

❋ **안녕.** 친한 사이. 상대방이 나보다 어릴 때 인사

Chào.
짜오

 베트남어는 상대의 연령과 나이에 따른 호칭을 꼭 넣어야 한다.
이 책의 chapter 1 기본회화 부분은 상대방이 나보다 오빠(형), 언니(누나)의 연령으로 가정하여
anh과 **chị**를 같이 표기하였다.
상대방의 성별에 따른 구분을 하는 습관을 처음부터 익히도록 하자.

Chào. 안녕!
짜오

Xin chào anh. 안녕하세요.
씬 짜오 아잉

② 처음 만났을 때

인사는 만남의 처음이다. 좋은 만남을 만들고 유지하기 위해서는 즐거운 얼굴로 인사를 나누는 것 이상으로 좋은 처세술도 없다.

✳ (당신을) 처음 뵙겠습니다.

Rất vui được gặp anh/chị.
젇 부이 드억 갑 아잉 찌

✳ 저는 민이라고 합니다. 잘 **부탁합니다.**

Tôi tên là Minh. (Mọi việc) xin nhờ anh/chị giúp đỡ.
또이 뗀 라 밍. 모이 비엑 씬 녀 아잉 찌 쥽 더

● 저 역시 (당신에게) 잘 부탁드립니다.

Tôi cũng xin nhờ anh/chị giúp đỡ.
또이 꿍 씬 녀 아잉 찌 쥽 더

● 당신을 만나게 되어 아주 반갑습니다.

Tôi rất vui khi được gặp anh/chị.
또이 젇 부이 키 드억 갑 아잉 찌

● 당신을 알게 되어 매우 기쁩니다.

Tôi rất vui khi được biết anh/chị.
또이 젇 부이 키 드억 비엣 아잉 찌

✳ 이 사람/(분)은 ~~ 입니다.

Đây là ~~.
데이 라

> 예 이 사람은 저의 아내/ 남편/ 애인 입니다
> **Đây là vợ/chồng/người yêu tôi.** 데이 라 버/쫑/응으이 이에우 또이

> **Tip** 저의(내) 아내 : 원래 베트남어로 **vợ của tôi** 버 꾸어 또이 이지만 일상 화화에서는
> **vợ tôi** 버 또이 라고 한다.

27

③ 안부와 건강을 묻는 인사

 잘 지내십니까?

Anh / Chị có khỏe không?
아잉   찌   꼬 쾌   콩

 네, **잘 지내고 있습니다.** 영어의 I'm doing fine.

Vâng, tôi vẫn ổn.
벙   또이 번   온

Tip 직역은 **건강은 좋으시나요?** 이다. 우리나라의 많은 인사 표현의 대부분을 이 말로 대체할 수 있다.
베트남의 인사는 건강과 관련된 경우가 많다.

● 요즘 어떻게 지내십니까? 영어의 How are you doing?

Anh / Chị dạo này thế nào?
아잉   찌   자오 내이 테 나오

⋯▶ 그럭저럭 지냅니다.

Tôi cũng bình thường.
또이   꿍   빙   트엉

 아...안..녕!

 잘 살고 있는 거야?

의문사

★ 누구	ai 아이		★ 어떻게	như thế nào 느 테 나오	
★ 언제	khi nào/ bao giờ 키 나오/ 바오 저		★ 어느	nào 나오	
★ 어디	ở đâu 어 도우		★ 무슨	gì 무슨	
★ 무엇	cái gì/ gì 까이 지/ 지		★ 어떤	như thế nào/ ra sao 느 테 나오 자 싸오	

● 요즘 어떻게 지내세요?

Anh/Chị dạo này thế nào?

아잉   찌   자오   내이   테   나오

•••• 요즘 아주 바빠요.

Dạo này tôi bận lắm.

자오   내이   또이   번   람

● 주말 잘 보내셨습니까?

Anh/ chị nghỉ cuối tuần có vui không?

아잉/찌   응이   꾸오이   뚜언   꼬   부이   콩

nghỉ 응이의 뜻은 쉬다이다.

•••• 네/아니오.

Có/ Không.

꼬   콩

● 건강 하십니까? = (베트남 뉘앙스) 컨디션은 어떠세요?

Anh/ chị có khỏe không?

아잉/찌   꼬   쾌   콩

•••• 건강합니다.

Tôi Khoẻ.

또이   쾌

● 오늘은 좀 괜찮으십니까? = 오늘은 좀 좋아지셨나요?

Hôm nay anh/chị thấy khá/khoẻ hơn chưa?

홈   내이   아잉   찌   테이   카   쾌   헌   쯔어

•••• 네, 좋습니다. (네, 좋아졌습니다.)

Vâng, khá hơn rồi.

벙,   카   헌   조이

29

④ 오랫만에 만났을 때

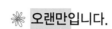 **오랜만입니다.**

Lâu quá rồi không gặp anh/chị.

로우　꽈　조이　콩　갑　아잉　찌

● 어머, 오랜만이야!

Ôi, lâu quá rồi nhỉ!

오이　로우　꽈　조이　니

 Tip **Lâu** 로우의 발음은 영어의 **low** 와 똑같다

● 별 일 없으세요?

Không có việc gì đặc biệt chứ ạ?

콩　꼬　비엑　지　닥　비엣　쯔　아

● 여행은 어땠습니까?

Chuyến du lịch thế nào?

쭈웬　주　릭　테　나오

● 여행은 즐거웠습니까?

Anh/Chị đi du lịch có vui không?

아잉　찌　디（북）주　릭　꼬　부이　콩

（남）유

● 그동안 어떻게 지내셨습니까?

Trong suốt thời gian qua, anh/chị thế nào?

쫑　쑤옷　터이　잔　꽈,　아잉　찌　테　나오

● 다시 만나서 반갑습니다.

Rất vui khi gặp lại anh/chị.

젙　부이　키　갑　라이　아잉　찌

30

- 더 젊어지신 것 같아요. = (베트남 뉘앙스) 어려 보이네요.

  Trông anh/chị trẻ ra nhiều.
  쫑   아잉/찌   째 자 니에우

- 오랫동안 연락못해서 죄송합니다.

  Xin lỗi, vì đã lâu không liên lạc.
  씬   로이, 비 다 로우 콩   리엔 락

- 이름이 갑자기 생각이 안나네요.

  Tự nhiên tôi không nhớ ra tên anh/chị.
  뜨 니엔   또이 콩   녀 자 뗀 아잉 / 찌

- 지난 번 만난 이후 벌써 1년이 되었군요.

  Đã 1 năm kể từ khi chúng ta gặp nhau lần trước.
  다 못남   께 뜨 키 쭝   따 갑 나우 런 쯔억

몇 년 mấy năm 메이 남				
★ 1년	một năm 못남		★ 6년	sáu năm 사우 남
★ 2년	hai năm 하이 남		★ 7년	bảy năm 배이 남
★ 3년	ba năm 바 남		★ 8년	tám năm 땀 남
★ 4년	bốn năm 본 남		★ 9년	chín năm 찐 남
★ 5년	năm năm 남 남		★ 10년	mười năm 므어이 남

- 세월이 참 빠르네요.

  Thời gian trôi nhanh quá.
  터이 잔 쪼이 나잉 꽈

 Tip nhanh 나잉의 경우는 anh 아잉의 경우와 비슷하다. 즉, 남부 사람은 **-nh**으로 끝나는 단어를 발음 할 때 **[n]**으로 발음하는 경향이 있다.

예》 anh 아잉 **북**   nhanh 나잉 **북**
    안 **남**   난 **남**

31

⑤ 가족과 주위 사람의 건강을 묻고 답하기

※ 가족들은 안녕하십니까?

Mọi người trong nhà có khỏe không?
머이 응으이 쫑 냐 꼬 쾌 콩

● 모두들 어떻게 지내십니까?

Mọi người thế nào? = Mọi người có khỏe không?
머이 응으이 테 나오 머이 응으이 꼬 쾌 콩

● 팀원들은 모두 잘지내십니까?

Các thành viên có khỏe không?
깍 타잉 비엔 꼬 쾌 콩

● 김과장 부부는 어떻게 지내나요?

Vợ chồng trưởng phòng Kim có khỏe không?
버 쫑 쯔엉 퐁 김 꼬 쾌 콩

기타 호칭

인칭대명사 + họ 호

★ 사촌오빠(형)　　anh họ 아잉 호　　　★ 고모　　cô 꼬　　　★ 고모부　chú 쭈

★ 사촌언니(누나)　chị họ 찌 호　　　　★ 숙모　　thím 팀　　★ 숙부　　chú 쭈

★ 사촌 동생(성별 무관) em họ 앰 호　　★ 외숙모 bác 박　　★ 외숙부 bác 박

★ 애인　người yêu 응으이 이에우　　★ 선배　khóa trên 콰 쩬

★ 친구　bạn 반　　　　　　　　　　★ 후배　khóa dưới 콰 즈어이

● 부모님은 평안하신가요?

Bố mẹ anh/chị có khỏe không?
보 매 아잉 찌 꼬 쾌 콩

- 당신의 어머니는 어떻습니까? (안녕하세요?)

Mẹ anh/chị có khỏe không?

매 아잉 찌 꼬 쾌 콩

- 여자친구/남자친구(애인)와는 잘 지내요?

Anh/chị với bạn gái/bạn trai (người yêu) vẫn tốt cả chứ?

아잉 찌 버이 반 가이 반 짜이 응으이 이에우 번 똗 까 쯔

- 아이들도 건강히 잘 자라고 있나요?

Bọn trẻ có khỏe không?

본 째 꼬 쾌 콩

✳ ~은/는 안녕하십니까? 잘 지냅니까? 어떻게 지내나요?

주어 ➕ có ➕ khỏe ➕ không ❓
　　　 꼬 　 쾌 　 콩

의문문을 이용한
인사하기

예 당신의 아내는 잘 지내십니까?

Vợ anh có khỏe không? 버 아잉 꼬 쾌 콩

✹ **부모님**께 안부를 전해주십시오.

Cho tôi gửi lời hỏi thăm **bố mẹ** anh.

쪼   또이 그이 러이 허이 탐   보 매 아잉

● 숙모님이 안부를 전했습니다.

Cô gửi lời hỏi thăm anh/chị.

꼬   그이 러이 허이 탐   아잉 찌

● 제 아내/남편이 당신께 안부를 전했습니다.

Vợ/chồng tôi gửi lời hỏi thăm anh/chị.

버 쫑   또이 그이 러이 호이 탐   아잉 찌

✹ ~에게 안부를 전해주십시오

cho tôi gửi lời hỏi thăm ✚ 사람 。

쪼   또이 그이 러이 허이 탐

● 그/그녀가 요즘 어떻게 지내고 있는지 알고 있나요?

Anh có biết dạo này anh ấy/cô ấy thế nào không?

아잉 꼬 비엣 자오 내이 아잉 에이 꼬 에이 테 나오 콩

⋯▶ 그/그녀는 건강하게 잘 지냅니다.

Anh ấy/Cô ấy vẫn khỏe.

아잉 에이 꼬 에이 번   쾌

● 남씨에 대한 소식을 들었습니까?

Anh/chị có nghe tin tức gì về anh Nam không?

아잉 찌 꼬 응애 띤 뜩 지 베 아잉 남 콩

⋯▶ 1년 전부터 그/그녀와 소식이 끊겼어요.

Tôi đã mất liên lạc với anh ấy/cô ấy từ 1 năm trước rồi.

또이 다 멑 리엔 락 버이 아잉 찌 꺼 에이 뜨 몯 남 쯔억 조이

베트남에서 쓰이는 호칭

가족

① ông 옹
할아버지

② bà 바
할머니

③ mẹ chồng 매 쫑
시어머니

④ bố 북보 / ba 남바
아버지

⑤ mẹ 북매 / má 남마
어머니

⑥ anh 아잉
오빠, 형

⑦ chị 찌
언니, 누나

⑧ em trai 앰 짜이
남동생

⑨ em gái 앰 가이
여동생

⑫ cô 꼬
고모

⑩ chồng 쫑
남편

⑪ vợ 버
아내

⑬ cháu 짜우
조카

⑭ cháu rể 짜우 제
조카사위

⑮ dì 지
이모

사촌 : 인칭대명사 + họ 호

⑱ anh họ 아잉 호 사촌오빠(형)

⑲ chị họ 찌 호 사촌언니(누나)

⑳ em họ 앰 호 사촌 동생(성별 무관)

⑯ con trai 꼰 짜이
아들

⑰ con gái 꼰 가이
딸

㉑ 형제 anh em 아잉 앰

㉒ 자매 chị em 찌 앰

㉓ 형수 chị dâu 찌 조우

㉔ 형부 anh rể 아잉 제

㉕ 제부 em rể 앰 제

㉖ 아이들 con 껀

㉗ 사위   con rể 껀 제

㉘ 며느리 con dâu 껀 조우

⑦ 우연히 만났을 때

베트남 사람은 우연히 만났을 때 크게 반가워하며, 어떻게 지내는지 관심을 보이면 고마워한다.
잘 모르는 사람이라도 면식이 있으면 길에서 말을 거는 것도 호감의 표현이다.

❀ 어머! 남씨 아닙니까? (= 어머! 남씨 맞습니까?)

Ôi, có phải anh/chị Nam không?

오이 꼬 파이 아잉 찌 남 콩

❀ 어디를 가세요?

Anh/chị đi đâu thế?

아잉 찌 디 도우 테

● 여보세요, 혹시 Mr.김 / 김여사 아닙니까? = (베트남 뉘앙스) Mr.김 / 김여사 맞습니까?

Có phải ông Kim/ bà Kim đấy không?

꼬 파이 옹 김/ 바 김 데이 콩

● 무슨 일로 여기에 오셨나요? = (베트남 뉘앙스) 여기는 어쩐일이세요?

Anh/Chị đến đây có việc gì thế?

아잉/찌 덴 데이 꼬 비엑 지 테

● 여기서 만나다니 너무 뜻밖입니다.

Gặp anh/chị ở đây thật quá bất ngờ.

갑 아잉 찌 어 데이 털 꽈 벝 응어

● 여기서 만나리라곤 전혀 생각못했습니다.

Tôi không thể nghĩ là sẽ gặp anh/chị ở đây.

또이 콩 테 응이 라 쌔 갑 아잉 찌 어 데이

● 출근중이세요?

Anh/ Chị đang trong giờ làm ạ?

아잉/ 찌 당 쫑 저 람 아

● 퇴근중이세요?

Chị/Anh hết giờ làm rồi ạ?

찌 아잉 헷 저 람 조이 아

● 저를 기억하세요?

Chị/Anh có nhớ tôi không?

찌 아잉 꼬 녀 또이 콩

깜에서 물고기를 잡는 베트남청년

● 요즘 자주 만나는군요.

Dạo này chúng ta hay gặp nhau quá.

자오 내이 쭝 따 해이 갑 냐우 꽈

● 낯이 익은 얼굴인데요.

Mặt anh/chị quen lắm.

맡 아잉 찌 꽨 람

● 실례했습니다. 다른 사람과 착각했습니다.

Xin lỗi, anh/chị nhầm tôi với người khác rồi.

씬 로이 아잉 찌 념 또이 버이 응으이 칵 조이

2. 헤어질 때 인사

① 헤어질 때의 일상적인 인사

우리말과 달리 만날 때의 인사인 "안녕하세요?"와 헤어질 때 인사인 "안녕히 가세요", "안녕히 계세요"가 뚜렷이 나누어지지 않고 같이 사용된다.

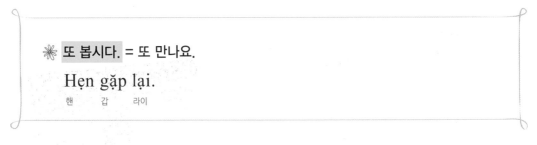

✳ **또 봅시다.** = 또 만나요.

Hẹn gặp lại.
핸　　갑　　라이

● 안녕! (잘 가)

Chào.
짜오

● 잘 가!

Đi nhé.
디　내

● 내일 또 만나요.

Hẹn ngày mai gặp lại.
핸　응애이　마이　갑　라이

● 나중에 또 봐요.

Gặp nhau sau nhé.
갑　나우　싸우　내

● 주말에 봅시다.

Cuối tuần này chúng ta gặp nhau đi.　　　　　* chúng ta 쭝따 우리
꾸오이　뚜언　내이　쭝　　따　갑　나우　디

● 즐거운 하루 보내세요.

Chúc anh/chị có một ngày vui vẻ.
쭉　　아잉　찌　꼬　몯　응애이　부이　배

● 즐거운 주말 보내세요.

Chúc cuối tuần vui vẻ.
쭉　　꾸오이　뚜언　부이　배

● 그럼 거기서 보자.

Thế thì gặp nhau ở đó nhé.

테 티 갑 나우 어 도 내

● 좋습니다. 그럼 그 때 만나요.

Được. gặp anh/chị lúc đó nhé.

드억 갑 아잉 찌 룩 도 내

● 그럼 그 때 뵙겠습니다.

Vậy hẹn gặp anh/chị lúc đó.

베이 핸 갑 아잉 찌 룩 도

호치민 시내버스

● 건강하세요 = 살펴 가십시오 = 조심해서 가세요.

Anh/chị đi cẩn thận.

아잉 찌 디 껀 턴

● 조심해서 다녀 오세요.

Anh/Chị đi rồi về nhé.

아잉 찌 디 조이 베 내

● 보고 싶을거예요.

Tôi sẽ nhớ chị/anh lắm.

또이 쌔 녀 찌 아잉 람

● 다시 만날 수 있기를 바랍니다.

Mong rằng chúng ta sẽ gặp lại nhau.

몽 장 쭘 따 쌔 갑 라이 나우

② 먼저 돌아가야 할 때

먼저 돌아가야 할 상황에서는 보통 **그럼**의 의미로써의 **Thôi** 토이 친한 사이, 연하 사람에게 할 때를 붙여 인사하고 헤어진다.

✻ **그럼.(먼저 실례합니다.)**

Thôi, xin phép anh/chị/ông. 나이 많은 사람에게 격식적으로 할 때
토이   씬   팹   아잉   찌 옹

● 지금 슬슬 돌아가는 것이 좋겠어요.

Bây giờ đi về dần là vừa.
베이 저 디 베 전 라 브어

* đi về 디 베 / quay lại 꽤이 라이 돌아가다

 Tip 슬슬과 동등한 베트남어는 **dần dần** 인데 여기는 넣지 않았다. 왜냐하면 슬슬을 사용하면 베트남어로 된 말이 아주 어색하기 때문이다.

● 먼저 가봐야 할 것 같습니다.

Chắc là tôi phải đi trước đây.
칵   라 또이 파이 디 쯔억 데이

● 이제 우리는 돌아가야 합니다.

Bây giờ chúng tôi phải về rồi.
베이 저 쭝   또이 파이 베 조이

● 그럼, 다음에 뵙겠습니다. 안녕히 계십시오.

Xin phép gặp lại ông/bà sau. Chào ông/bà.
씬   팹   갑 라이 옹   바 싸우 짜오 옹 바

● 몸 건강히 안녕히 계십시오.

Anh/Chị ở lại, giữ gìn sức khỏe.
아잉 찌 어 라이, 즈 진 슥 쾌

● 여기서 작별인사를 하겠습니다.

Phải tạm biệt anh/chị ở đây thôi.
파이 땀 비엣 아잉 찌 어 데이 토이

40

● 너무 늦을 것 같습니다.

Hình như muộn quá rồi.
힝 니으 무온 꽈 조이

● 생일 잔치에 초대해 주셔서 감사합니다.

Cám ơn chị/anh đã mời tôi dự tiệc sinh nhật.
깜 언 찌 아잉 다 머이 또이 즈 띠엑 씽 녓

* sinh nhật 씽 녓 생일

● 당신을 알게 되어 기뻤습니다.

Rất vui vì được biết anh/chị.
젇 부이 비 드억 비엗 아잉 찌

● 우리 집으로 초대하고 싶습니다.

Tôi muốn mời chị/anh đến nhà chúng tôi.
또이 무온 머이찌 찌 아인 덴 냐 쭝 또이

* nhà 냐 집

● 벌써 10시네요. 시간가는 줄 몰랐습니다.

Đã mười giờ rồi. Không biết thời gian trôi qua lúc nào.
다 므어이 저 조이. 콩 비엗 터이 잔 쪼이 꽈 룩 나오

시간

★ 1시	một giờ	몯 저	★ 9시	chín giờ	찐 저
★ 2시	hai giờ	하이 저	★ 10시	mười giờ	므어이 저
★ 3시	ba giờ	바 저	★ 11시	mười một giờ	므어이 몯 저
★ 4시	bốn giờ	본 저	★ 12시	mười hai giờ	므어이 하이 저
★ 5시	năm giờ	남 저	15분	mười lăm phút	므어이 람 풋
★ 6시	sáu giờ	싸우 저	30분	ba mươi phút	바 므어이 풋
★ 7시	bảy giờ	배이 저	오전	buổi sáng	부오이 상
★ 8시	tám giờ	땀 저	오후	buổi chiều	부오이 찌에우

③ 손님을 전송할 때

❋ **잘 가세요.**

Anh/Chị đi nhé. = Chào anh/chị.
아잉   찌 디 내   짜오 아잉 찌

❋ **살펴 가세요.**

Anh/Chị đi cẩn thận.
아잉   찌 디 껀 턴

● 지금 가시려고요?

Anh/Chị định đị bây giờ à?
아잉   찌   딩   디 베이 저   아

● 좀 더 놀다(머무르다) 가세요.

Anh/Chị ngồi chơi thêm một lúc rồi hãy đi.
아잉   찌 응오이 쩌이 템   몯   룩   조이 해이 디

● 오늘 재미있으셨나요?

Hôm nay có vui không?
홈   내이 꼬 부이 콩

● 저녁 (식사) 너무 좋았습니다. (맛있었습니다).

Bữa tối rất ngon.
브아 또이 젇 응언

Tip

식사 후 인사말   예》 아침(식사), 너무 좋았습니다. (맛있었습니다).

Bữa sáng rất ngon. 브아 쌍 젇 응언

점심(식사), 너무 좋았습니다. (맛있었습니다).

Bữa trưa rất ngon. 브아 쯔어 젇 응언

예》 밥이 맛있었습니다. (= 잘 먹었습니다.)

Cơm rất ngon. 껌 젇 응언

● 식사라도 하고 가세요.

Chị ăn cơm (dùng bữa) rồi hãy đi.
찌 안 껌 중 브아 조이 해이 디

Tip

| 식사 | cơm < bữa 더 예의를 갖춘 표현 |
| 식사하다 | ăn cơm < dùng bữa 더 예의를 갖춘 표현 |

● 제가 버스정거장/기차역 까지 모셔다 드릴게요.

Tôi sẽ tiễn anh/Chị đến bến xe buýt/ga tàu.
또이 쌔 띠엔 아잉 찌 덴 벤 새 빗 가 따우

● 조만간 또 한 번 만납시다.

Hôm nào mình lại gặp nhau nhé.
홈 나오 밍 갑 라이 싸우 내

● 다음에는 제가 댁으로 찾아뵙겠습니다.

Lần sau tôi sẽ đến nhà anh/chị.
런 사우 또이 쌔 덴 냐 아잉 찌

시내도로를 달리는 오토바이들

● 그럼, 여기서 헤어집시다.

Thôi, ta chia tay ở đây.
토이 따 찌아 때이 어 데이

● 또 오십시오.

Lần sau chị/anh lại đến chơi nhé.
런 사우 찌 아잉 라이 덴 쩌이 내

Tip 다시 방문하길 바란다는 여러 가지 표현

예》 종종 놀러 오십시오.
Thỉnh thoảng anh/chị lại đến chơi nhé. 팅 퇑 아잉/찌 라이 덴 쩌이 내

언젠가 또 놀러오세요!
Hôm nào anh/chị lại đến chơi nhé! 홈 나오 아잉/찌 라이 덴 쩌이 내

④ 헤어지면서 연락을 청할 때

✻ **연락 주십시오.**

Gọi điện cho tôi nhé.
고이   디엔   쪼   또이   내

✻ **메일 보내세요.**

Chị/Anh gửi email cho tôi nhé.
찌   아잉   그이   이메일   쪼   또이   내

● 이것이 제 전화/핸드폰 번호입니다.

Đây là số điện thoại cố định/số di động của tôi.
데이   라   소   디엔   토아이   꼬   딩   소   지   동   꿔   또이

● 가끔 연락하세요.

Thỉnh thoảng anh/chị gọi điện cho tôi nhé.
팅   황   아잉 / 찌   고이   디엔   쪼   또이   내

> 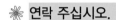 **연락드릴께요**의 여러가지 표현
>
> 예 》 종종 **연락** 드리겠습니다.
> **Thỉnh thoảng tôi sẽ liên lạc.** 팅 탕 또이 쌔 리엔 락
> 계속 연락하고 지냅시다.
> **Hãy giữ liên lạc nhé.** 해이 즈 리엔 락 내

● 가끔 전화주세요. 제 전화번호입니다.

Đây là số điện thoại của tôi.
데이   라   소   디엔   토아이   꿔   또이

● 도착하는 대로 저에게 전화 주십시오.

Đến nơi thì gọi điện ngay cho tôi nhé.
덴   너이   티   고이   디엔   응애이   쪼   또이   내

- 이것이 제 이메일 주소입니다.

  Đây là địa chỉ email của tôi.

  데이　라 디아 찌 이메일 꿔 　또이

많이 먹는 열대과일

- 사진 보내주세요.

  Chị/Anh gửi ảnh cho tôi nhé.

  찌 　아잉 그이 아잉 쪼 또이 냬.

- 트위터는 하시나요?

  Chị/Anh có dùng Twitter không?

  찌 　아잉 꼬 중 투위터 　콩

소셜 네트워크~SNS

★ 트위터	Twitter	투위터	★ 메신저	Messenger	메신저
★ 페이스북	Facebook	페이스북			

- 이것이 제 페이스북 주소입니다.

  Đây là địa chỉ Facebook của tôi.

  데이　라 디아 찌 페이스북 　 꿔 또이

- 메신저 주소를 적어주세요.

  Anh/Chị viết địa chỉ Messenger của anh/chị cho tôi nhé.

  아잉 /찌 비엣 디아 찌 메신저 　 꿔 아잉/찌 쪼 또이 냬

3. 축하와 기원

① 축하

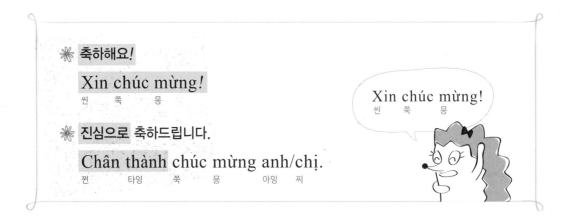

* 축하해요!

  Xin chúc mừng!
  씬 쭉 믕

* 진심으로 축하드립니다.

  Chân thành chúc mừng anh/chị.
  쩐   타잉   쭉 믕   아잉 찌

> **Xin chúc mừng!**
> 씬 쭉 믕

● 두 분이 (100년 동안) 행복하시길 바랍니다.

Chúc hai người/anh chị trăm năm hạnh phúc.
쭉   하이 응으이   아잉 찌 짬   남   하잉 푹

> **Tip** 결혼, 약혼의 경우 của + 인칭대명사 를 쓴다.
>
> 예》 오빠의 결혼   오빠와 언니의 약혼
>
> **lễ kết hôn của anh**   **lễ đính hôn của anh chị**
> 레 껫 혼 꿔 아잉   레 딩 혼 꿔 아잉 찌

● 승진을 축하합니다. = (베트남 뉘앙스) 당신이 승진하게 되어서 축하합니다.

Chúc mừng anh/chị được thăng chức.
쭉   믕   아잉 찌 드억   탕   쪽

축하 표현

★ 합격	thi đỗ 티 도	★ 성공	thành công 타잉 꽁
★ 입학	nhập học 녑 혹	★ 생일	sinh nhật 씽 녓
★ 졸업	tốt nghiệp 똗 응이엡	★ 출산	mẹ tròn con vuông 매 쩐 꼰 부옹
★ 논문통과	bảo vệ luận văn 바오 베 루언 반	★ 입사	vào công ty 바오 꽁 띠
		★ 창사기념일	ngày kỉ niệm thành lập công ty 응애이 끼 니엠 타잉 럽 꽁 띠

졸업과 논문통과는 졸업을 했다, 논문을 통과했다.는 의미로 이미 완료된 과거이다.

때문에 **인칭대명사 + đã**(과거형)을 쓴다.

🌸 ~을 축하한다

Chúc mừng 🌸 축하할 일
쭉   믕

● 대학 진학을 축하합니다.

Chúc mừng em vào đại học.
쭉   믕   앰 바오 다이 혹

> **학교**
>
> ★ 초등학교 진학을 축하합니다.　　**Chúc mừng em vào cấp 1.** 쭉믕 앰 바오 껍 몰
> ★ 중학교　　　　　　"　　　　　**Chúc mừng em vào cấp 2.** 쭉 믕 앰 바오 껍 하이
> ★ 고등학교　　　　　"　　　　　**Chúc mừng em vào cấp 3.** 쭉 믕 앰 바오 껍 바

● 축하할 일이 생겼다고 들었습니다.

Tôi nghe nói có chuyện phải chúc mừng.
또이 응애   노이 꼬 주웬   파이   쭉   믕

● 부인이 임신하셨다면서요? 축하합니다.

Nghe nói vợ anh đã mang bầu. Chúc mừng anh.
응애   노이 버 아잉 다 망   보우   쭉   믕   아잉

● 우리의 승리를 축하합시다.

Chúc mừng chiến thắng của chúng ta.
쭉   믕   찌엔   탕   꿔 쭝   따

● 잘했다! 네가 정말 해냈구나.

Tốt lắm! Em/cháu làm tốt lắm!
똣   람!   앰   쩌우   람 똣   람

② 명절

베트남의 가장 큰 명절은 설날(음력)이라고 할 수 있겠다. 가족문화를 중시하는 베트남 사람들은 명절 때 가족과 함께 시간을 보낸다.

※ **새해 복 많이 받으십시오.**

Chúc mừng năm mới.
쭉 믕 남 머이

💬 **Chúc anh/chị một năm mới an khang thịnh vượng.**
쭉 아잉 찌 몯 남 머이 안 캉 팅 브엉

● 더 나은 해가 되길 바랍니다.

Chúc anh/chị một năm mới tốt đẹp hơn.
쭉 아잉 찌 몯 남 머이 똗 댑 헌

● 올해도 건강하시길.

Chúc anh/chị năm mới mạnh khỏe.
쭉 아잉 찌 남 머이 마잉 쾌

 Tip 원래 올해는 베트남어로 năm nay 남 내이 인데 베트남 사람은 năm mới 남 머이 를 많이 쓴다.

● 새해에는 모든 일이 더 잘 되시길 빌어요.

Năm mới chúc anh/chị vạn sự như ý.
남 머이 쭉 아잉 찌 반 쓰 느 이

● 즐거운 크리스마스 보내십시오./메리 크리스마스!

Chúc anh/chị Giáng sinh vui vẻ.
쭉 아잉 찌 장 씽 부이 배

48

③ 행운을 기원하는 표현

기원을 나타내는 표현들은 간단한 단어로 구성되어 있는 경우가 많다. 또, 헤어지는 경우에도 사용함으로 잘 알아두자.

❋ 행운을 바래요! = 행운이 있기를! 영어의 Good luck.

Chúc (anh/chị) may mắn!
쭉　　아잉　찌　매이　만

● 성공을 빕니다.

Chúc anh/chị thành công.
쭉　　아잉　찌　타잉　꽁

● 모든 일이 잘되기를 바랍니다.

Chúc mọi việc tốt đẹp.
쭉　　머이　비엑　똗　댑

● 즐거운 휴가/여행이 되기를.

Chúc anh/chị có một kì nghỉ/chuyến du lịch vui vẻ.
쭉　　아잉　찌　꼬　몯　끼　응이　쭈엔　주　릭　부이　배

● 행복하세요.

Chúc anh/chị hạnh phúc.
쭉　　아잉　찌　하잉　푹

기념일

★ 설날	Tết Nguyên Đán 뗏 응우엔 단	음력 1월 1일
★ 추석	(Tết) Trung thu (뗏) 쭝 투	음력 8월 15일
★ 3월 8일	Ngày phụ nữ quốc tế 응에이 푸 느 꾸옥 떼	국제 여성의 날
★ 4월 30일	Ngày giải phóng miền Nam 응에이 자이 퐁 미엔 남	남부 해방의 날
★ 5월 1일	Ngày lao động quốc tế 응에이 라오 동 꾸옥 떼	노동자의 날
★ 9월 2일	Ngày Quốc Khánh 응에이 꾸옥 카잉	독립기념일
★ 11월 20일	Ngày nhà giáo 응에이 냐 자오	스승의 날

49

④ 축하를 받았을 때의 대답

고마움의 표현과 동일하다.

❋ **응, 고마워.**

Ừ, cám ơn.
_{으   깜   언}

❋ **천만에요!**

Không có gì.
_{콩   꼬 지}

● 당신도요.

Anh/chị cũng thế nhé.
_{아잉 찌 꿍 테 내}

● 감사합니다.

Cám ơn.
_{깜   언}

● 진심으로 감사합니다.

Chân thành cám ơn.
_{쩐   타잉   깜   언}

● 모두 당신 덕분입니다.

Tất cả là nhờ có anh/chị.
_{떨 까 라 녀 꼬 아잉 찌}

● 운이 좋다!

May mắn = May.
_{메이   만   마이}

 베트남어 **운이 좋다**는 may mắn 마이 만 또는 **may** 마이이다.

예》 그녀는 정말 **운이 좋다** Cô ấy thật may mắn. 꼬 에이 텃 마이 만

참고》 **행운** vận may 번 마이 **운명** vận mệnh 번 메잉

● 너무 기뻐서 말이 안 나옵니다.

Vui quá không nói nên lời.

부이 꽈 콩 노이 렌 러이

● 고맙습니다. 잃어 버린 줄 알았습니다.

Cám ơn. Tôi cứ tưởng anh/chị quên mất rồi.

깜 언. 또이 끄 뜨엉 아잉 찌 꿴 멑 조이

● 당신도 즐거운 연휴 보내세요.

Tôi cũng chúc anh/chị có một kì nghỉ vui vẻ.

또이 꿍 쭉 아잉 찌 꼬 뫁 끼 응이 부이 배

* lễ Tết 레땟 명절

ảnh cưới 아잉 끄어이 웨딩사진

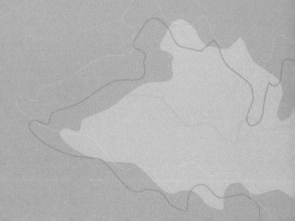

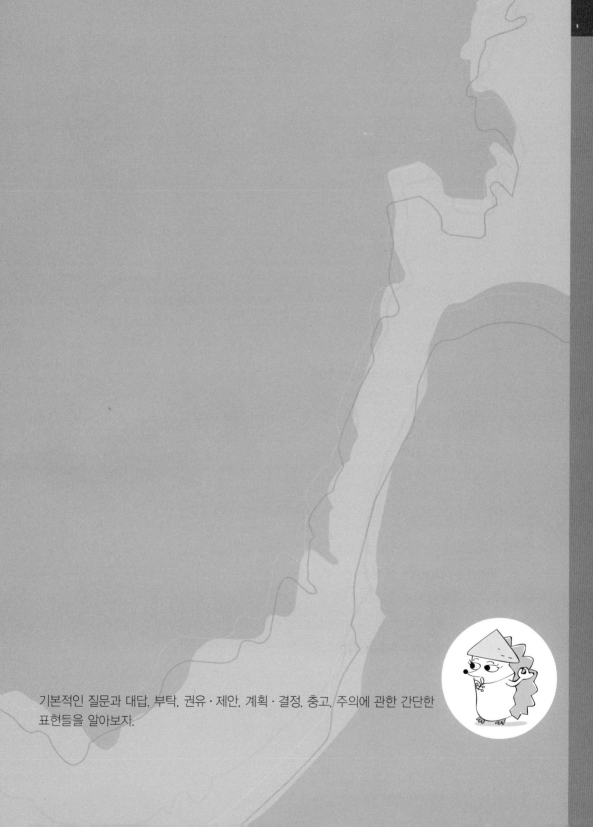

기본적인 질문과 대답, 부탁, 권유 · 제안, 계획 · 결정, 충고, 주의에 관한 간단한 표현들을 알아보자.

① 일반적인 질문

★ 이름이 뭔가요?

Anh/Chị tên là gì?

아잉　찌　뗀　라 지

···▶ 저는 **남** 입니다.　남자

Tôi tên là Nam.

또이　뗀　라　남

···▶ 저는 **화** 입니다.　여자

Tôi tên là Hoa.

또이　뗀　라　화

★ 실례지만, **몇 살** 입니까?

Xin lỗi, chị bao nhiêu tuổi?

씬　로이　찌　바오　니에우　뚜오이

···▶ 저는 25살 입니다.

Tôi 25 tuổi.

또이　하이남 뚜오이

★ 어디 **출신**인가요? = (베트남 뉘앙스) 어디 사람입니까?

Anh là người ở đâu?

아잉　라　응으이　어　도우

···▶ 전 **하노이**에서 왔습니다. = (베트남 뉘앙스) 전 하노이 사람입니다.

Tôi là người Hà Nội.

또이　라　응으이　하　노이

> **Tip** **là** 라는 ~이다라는 뜻으로, 영어의 **be**동사에 해당한다

★ 어느 나라 사람이에요?

Anh là người nước nào?

아잉 라 응으이 느억 나오

⋯⋯▸ 저는 한국인입니다.

Tôi là người Hàn Quốc.

또이 라 응으이 한 꾸옥

Track 17

★ 직업은 무엇입니까?

Chị làm nghề gì?

찌 람 응에 지

⋯⋯▸ 회사원입니다.

Tôi là nhân viên công ty.

또이 라 년 비엔 꽁 띠

» P56 참고 직업을 나타내는 말

⋯⋯▸ ～대학에 다니고 있습니다.

Tôi đang học Đại học ～.

또이 당 혹 다이 혹

★ 어디에 살고 있나요?

Chị đang sống ở đâu?

찌 당 쏭 어 도우

⋯⋯▸ 하노이에 살고 있습니다.

Tôi đang sống ở Hà Nội.

또이 당 쏭 어 하 노이

길에서 팔고 있는 코코넛 쥬스

아래에 나온 단어들을 ☑ 체크하면서 내 것으로 만들어 보자!

Track 18

- ★ học sinh
  혹 씽
  학생

- ★ sinh viên
  씽 비엔
  대학생

- ★ nghiên cứu sinh
  응이엔 끄우 씽
  연수생

- ★ du học sinh
  주 혹 씽
  유학생

- ★ sinh viên cao học
  씽 비엔 까오 혹
  대학원생

- ★ giáo sư/giảng viên
  자오 쓰 장 비엔
  교수/교사

- ★ nhân viên ngân hàng
  년 비엔 응언 항
  은행원

- ★ công chức
  꽁 쯕
  공무원

- ★ doanh nhân
  조아잉 년
  사업가(자영업자)

- ★ bác sĩ
  박 씨
  의사

- ★ nhà thiết kế
  냐 티엣 께
  디자이너

- ★ lập trình viên
  럽 찡 비엔
  컴퓨터 프로그래머

- ★ họa sĩ
  화 씨
  화가

- ★ nhân viên công ty
  년 비엔 꽁 띠
  회사원

② 물건

★ 이것은 무엇입니까?

Đây là cái gì?
데이　라　까이　지

Track
19

지시대명사

- 이것　**Cái này** 까이 내이
- 그것　**Cái đó** 까이 도

- 저것　**Cái ấy** 까이 에이
- 어느것 **Cái nào** 까이 나오

⋯▸ 베트남 전통의상입니다.

Đây là trang phục truyền thống của Việt Nam.
데이　라　짱　　푹　　쭈웬　　쫑　　꿔　비엣　남

★ 이것은 베트남어로 뭐라고 하나요?

Cái này tiếng Việt gọi là gì?
까이　내이　띠엥　　비엣　고이　라　지

난 너무 예뻐~

⋯▸ 아오자이라고 부릅니다.

Gọi là áo dài.
고이　라　아오　자이

❋ ～라고 해요.(불러요.)

Gọi là ~ .
고이　라

전통물건

- 베트남 전통모자　**nón lá** 논 라
- 베트남 전통옷　　**áo dài** 아오 자이

- 베트남의 전통 말린 과일　**ô mai** 오 마이
- 베트남의 전통 교통수단　**xích lô** 씩 로

③ 시간

★ 지금, 몇 시 입니까?

Bây giờ là mấy giờ?

베이 저 라 메이 저

···▶ 1시입니다./10시 15분 입니다.

1 giờ./10 giờ 15 phút.

몰 저   므어이 저   므어이 람 풋

···▶ 10시 30분/반 입니다.

10 giờ 30 phút./10 (giờ) rưỡi.

므어이 저   바 므어이 풋   므어이 저   즈어이

> **Tip** rưỡi 즈어이 는 **절반**이라는 의미로 1시간의 절반, 즉 30분을 표현하는 다른 표현이다.
> 예문에서 처럼 rưỡi 즈어이를 쓰면 rưỡi 즈어이앞에 있는 giờ 저가 생략될 수 있다.

···▶ 10시 45분 입다

10 giờ 45 phút.

므어이 저   본 남 풋

> **Tip** 30분 이상의 시간 표현에서는 ~ **시** ~**분 전**으로 표현하기도 한다. 위의 Mười một giờ bốn
> nhăm phút 므어이 몰 저 본 남 풋 1시 45분이 Mười hai giờ kém mười lăm 므어이 하이 저 껨 므어
> 이 람 2시 15분 전으로 표현될 수 있다.

★ 오늘은 몇월 며칠인가요?

Hôm nay là ngày bao nhiêu?

홈   내이 라 응애이 바오 니에우

···▶ 2011년 8월 15일입니다.

Hôm nay là 15/8, 2011.

홈   내이 라   응애이 므어이 람 탕 땀, 남 하이 응인 콩 짬 므어이 몰

> **Tip** 날짜를 말할 때, 우리말과 반대로 날(日)을 가장 먼저 말하고 그 다음에 월, 년을 말한다.

연도

- 2011년 **năm hai nghìn không trăm mười một** 남 하이 응인 콩 짬 므어이 몯
- 2012년 **năm hai nghìn không trăm mười hai** 남 하이 응인 콩 짬 므어이 하이
- 2013년 **năm hai nghìn không trăm mười ba** 남 하이 응인 콩 짬 므어이 바
- 2002년 **năm hai nghìn linh hai** 남 하이 응인 링 하이
- 2000년 **năm hai nghìn** 남 하이 응인
- 1999년 **năm một nghìn chín trăm chín chín** 남 몯 응인 찐 짬 찐 찐

★ 오늘이 무슨 요일인가요?

Hôm nay là thứ mấy?

홈 내이 라 트 메이

⋯▶ 오늘은 수요일입니다.

Hôm nay là thứ tư.

홈 내이 라 트 뜨

요일

- 월요일 **thứ hai** 트 하이
- 화요일 **thứ ba** 트 바
- 수요일 **thứ tư** 트 뜨
- 목요일 **thứ năm** 트 남

- 금요일 **thứ sáu** 트 싸우
- 토요일 **thứ bảy** 트 배이
- 일요일 **chủ nhật** 쭈 녓
  일요일은 특별한 경우로 **thứ** 를 뺀다.

- 무슨 요일 **thứ mấy** 트 메이

★ 생일은 언제입니까?

Anh/chị sinh ngày nào? = Anh/chị sinh ngày bao nhiêu?

아잉 찌 씽 응애이 나오 아잉 찌 씽 응애이 바오 니에우

* sinh nhật 씽 녓 생일

59

★ 오늘 시간 있으세요?

Hôm nay anh có thời gian không?

홈 내이 아잉 꼬 터이 잔 콩

★ 언제 시작하나요?

Khi nào thì bắt đầu?

키 나오 티 밧 도우

★ 언제 끝나요?

Khi nào thì kết thúc?

키 나오 티 껫 툭

★ 열차/버스는 몇 시에 출발하나요?

Tàu hỏa/xe buýt mấy giờ xuất phát?

떠우 화 쌔 부읻 메이 저 쑤엇 팟

⋯⋯▸ 오전 11시에 출발합니다.

Lúc 11 giờ sáng.

룩 므어이못저 쌍

 질문에서 **출발한다**는 말이 있으므로 대답에서는 생략한다.
오후는 buổi chiều 부오이 찌에우 라고 한다.

60

베트남에서 쓰이는 숫자

숫자

21

① một 몯

② hai 하이

③ ba 바

④ bốn 본

⑤ năm 남

⑥ sáu 싸우

⑦ bảy 배이

⑧ tám 땀

⑨ chín 찐

⑩ mười 므어이

⑪ mười một 므어이 몯

⑫ mười hai 므어이 하이

⑬ mười ba 므어이 바

⑭ mười bốn 므어이 본

⑮ mười lăm 므어이 람

⑳ hai mươi 하이 므어이

㉚ ba mươi 바 므어이

㊵ bốn mươi 본 므어이

㊿ năm mươi 남 므어이

⑥⓪ sáu mươi 싸우 므어이

⑦⓪ bảy mươi 배이 므어이

⑧⓪ tám mươi 땀 므어이

⑨⓪ chín mươi 찐 므어이

⑩⓪ một trăm 몯 짬

⑩⓪⑴ một trăm linh một 몯 짬 링 몯

 Tip 101 부터 109까지 말할 때, **trăm** 짬 뒤에 항상
linh 링이 있어야 한다.

102 một trăm linh hai 몯 짬 링 하이

112 một trăm mười hai 몯 짬 므어이 하이

 Tip 5 혼자 있으면 **năm** 남 이라고 하는데, 두 번째 숫자인 경우 2가지로 읽는다.
　　① **năm** 남 ⇒ **lăm** 람으로 변한다. 예 》 15 **mười lăm** 므어이 람
　　② **năm** 남 ⇒ **lăm** 람 또는 **nhăm** 남 으로 변한다.
　　　　예 》 15 : **mười lăm** 므어이 람 25, 35, 45, □, 95 이상의 5는 **lăm** 람 이나 **nhăm** 남 이라고 읽는다.

⑯ mười sáu 므어이 싸우

⑰ mười bảy 므어이 배이

⑱ mười tám 므어이 땀

⑲ mười chín 므어이 찐

(1,000) một nghìn 몯 응인

(10,000) mười nghìn 므어이 응인

(100,000) một trăm nghìn 몯 짬 응인

(1,000,000) một triệu 몯 찌에우

61

4 **가격**

★ 이것은 얼마입니까?

Cái này bao nhiêu tiền?

까이　내이　바오　니에우　띠엔

★ 베트남의 화폐는 무엇인가요?

Đơn vị tiền tệ của Việt Nam là gì?

던　비　띠엔　떼　꿔　비엣　남　라　지

⤳ 베트남의 화폐는 동이라고 합니다.

Đơn vị tiền tệ của Việt Nam là đồng.

던　비　띠엔　떼　꿔　비엣　남　라　동

⤳ 이것이 베트남의 지폐/동전입니다.

Đây là tiền giấy/tiền xu Việt Nam.

데이　라　띠엔　제이　띠엔　쑤　비엣　남

 실제 회화에서는 화폐단위 **đồng**은 말하지 않는다. 단지 기록할 때와 기록한 것을 읽을 때만 **đồng**을 쓰고 읽는다. 실제회화에서는 2만동입니다. ➡ 2만 Hai mươi nghìn 하이 므어이 응인으로만 쓴다.

★ 얼마입니까?

Bao nhiêu tiền?

바오　니에우　띠엔

⤳ 20,000동 입니다.

20,000 đồng.

하이 므어이 응인 동

 만(万)은 20×1,000 = 20,000으로 읽는다.
hai mươi 하이 므어이 × một nghìn 몯 응인

62

★ 가격을 여기에 써 주세요.

Chị viết giúp tôi giá tiền vào đây.

찌 비엣 즙 또이 자 띠엔 바오 데이

★ 제가 많이 살테니까, 깎아 주세요.

Tôi mua nhiều nên chị giảm giá đi.

또이 무아 니에우 넨 찌 잠 자 디

····▸ 깎아 주시면 살게요.

Nếu chị giảm giá, tôi sẽ mua nhiều.

네우 찌 잠 자 또이 쌔 무아 니에우

* nếu 네우 ~하면

★ 언니, 기차표는 어디서 사나요?

Chị ơi, mua vé tàu ở đâu?

찌 어이 무아 배 따우 어 도우

Track
23

★ 아저씨, 기차/버스는 어디서 타나요?

Anh ơi, lên tàu/xe buýt ở đâu?

아잉 어이 렌 따우 쌔 빗 어 도우

* lên 렌 타다

★ 이 버스는 하노이에 가나요?

Xe này có đi Hà Nội không?

쌔 내이 꼬 디 하 노이 콩

⋯▸ 네 / 아니오.

Có/ Không.

꼬 콩

xê ôm 쌔옴

xích lô 씨클로

⋯▸ 맞습니다./아닙니다.

Đúng/Không phải.

둥 콩 파이

★ 버스는 언제 오나요?

Bao giờ xe buýt đến?

바오 저 쌔 빗 덴

교통수단

• 기차	tàu hỏa 따우 화		• 쌔옴	xe ôm 쌔 옴
• 택시	taxi 딱씨		• 씨클로	xích lô 씨 로
• 버스	xe buýt 쌔 빗		• 자전거	xe đạp 쌔 답
• 비행기	máy bay 매이 배이		• 오토바이	xe máy 쌔 매이

★ 언니, 화장실은 어디에 있나요?

Nhà vệ sinh ở đâu hả chị?

냐 베 싱 더 도우 하 찌

···▸ 저쪽에 있습니다.

Ở đẳng kia.

어 당 끼아

★ 엘리베이터는 있나요?

Có thang máy không?

꼬 탕 매이 콩

★ 도서관은 어디입니까?

Thư viện ở đâu?

트 비엔 어 도우

···▸ 2층에 있습니다.

Ở tầng 2.

어 떵 하이

길을 묻고 답하는 사람들

★ 이 근처에 관광안내소가 있나요?

Gần đây có điểm hướng dẫn du lịch không?

건 데이 꼬 디엠 흐엉 잔 주 릭 콩

★ 한국대사관을 찾고 있습니다.

Tôi đang tìm Đại sứ quán Hàn Quốc.

또이 당 띰 다이 스 꽌 한 꾸옥

★ 지도를 가리키며 여기에서 먼가요?

Có xa chỗ này không?

꼬 싸 쪼 내이 콩

② 기타 질문

1 이유를 물을 때

❀ 왜 그렇죠?

(Tại) Sao ➕ S ➕ V ➕ O ❔
(따이) 싸오   주어 동사 목적어

★ 이번에 일본에 왜 안 가요?

Sao lần này chị không đi Nhật?
싸오 런 내이 찌 콩 디 녓

┈➤ 무서워서요.

Vì tôi sợ.
비 또이 소

Tip vì 비 는 왜냐하면 ~ 때문에라는 뜻의 이유·원인을 설명할 때 사용한다.

★ 왜 그래요? 예전에 가고 싶다고 그랬는데…

Sao lại thế? Hồi trước chị bảo thích đi lắm cơ mà...
싸오 라이 테? 호이 쯔억 찌 바오 틱 디 람 꺼 마...

★ 이유를 물어봐도 됩니까?

Tôi hỏi lí do có được không?
또이 허이 리 조 꼬 드억 콩

★ 왜 그런가요? 이유를 설명해 주세요.

Sao lại thế? Chị giải thích lí do giúp tôi.
싸오 라이 테 찌 자이 틱 리 조 즙 또이

② 설명 요구

★ 이것은 무엇입니까?

Cái này là cái gì?

까이 내이 라 까이 지

★ 이것은 무엇으로 만들었나요?

Cái này làm từ cái gì?

까이 내이 람 뜨 까이 지

★ 얼마입니까?

Bao nhiêu tiền?

바오 니에우 띠엔

★ 초인종이 울릴 때 **누구세요?**

Ai đấy?

아이 데이

★ 이 사람은 **누구입니까?** 대답은 가리키는 사람에 따라 성별을 구분한다.

Đây là ai?

데이 라 아이

 Tip Đây 로 질문을 하게 되면 성별에 따라 대답을 구별하지 않고,

> 가까이 있으면   Đây là + 이름   으로 대답한다.
>
> 멀리 있으면   Kia là + 이름

67

★ 설명을 좀 해 주시겠어요?

Chị có thể giải thích giúp (cho) tôi không? 〈문법적으로〉

찌 꼬 테 자이 틱 쯥 쪼 또이 콩

Chị giải thích giúp tôi với. 〈실제회화에서〉

찌 자이 틱 쯥 또이 버이

 Tip 일상 회화에서는 Chị giải thích giúp tôi với. 찌 자이 틱 쯥 또이 버이 가 더 많이 쓰인다.

★ 천천히 말해 주시겠어요?

Anh/Chị có thể nói chậm hơn được không?

아잉 찌 꼬 테 노이 쩜 헌 드억 콩

★ 베트남어가 서투르니 천천히 말해 주세요.

Tôi kém tiếng Việt, nên chị nói chậm giúp tôi.

또이 깸 띠엥 비엣 넨 찌 노이 쩜 쯥 또이

★ 이 단어의 뜻은 무엇인가요?

Từ này nghĩa là gì?

뜨 내이 응이아 라 지

이 단어는 어떻게 발음하나요?

Từ này phát âm thế nào?

뜨 내이 팟 암 테 나오

★ 이 동사는 어떻게 변화하나요?

Động từ này biến đổi thế nào?

동 뜨 내이 비엔 도이 테 나오

③ 되묻기

★ 뭐라고요?

Anh/Chị nói gì cơ ạ?

아잉 찌 노이 지 꺼 아

★ 왜 그렇죠?

Sao lại thế?

싸오 라이 테

★ 미안하지만, 다시 말씀해 주시겠어요?

Xin lỗi, chị có thể nói lại được không?

씬 로이 찌 꼬 테 노이 라이 드억 콩

★ 죄송하지만, 알아들을 수가 없네요.

Xin lỗi, nhưng tôi nghe không hiểu.

씬 로이, 니응 또이 응애 콩 히에우

★ 다른 방법은 없습니까?

Không có cách khác ạ?

콩 꼬 까익 칵 아

★ 질문해도 될까요?

Tôi hỏi có được không?

또이 허이 꼬 드억 콩

Tôi có thể hỏi được không?

또이 꼬 테 허이 드억 콩

★ 질문 하나 해도 되겠습니까?

Tôi hỏi 1 câu có được không?

또이 허이 몯 꼬우 꼬 드억 콩

69

③ 대답

1 일반적인 대답

★ 예./아니오.

Vâng./Không.

벙   콩

★ OK!

OK!

오케이

★ 좋아!

Tốt!

똣

    ◀▢▢▢

★ 싫어요!

Không thích!

꽁   틱

(베트남 뉘앙스)

좋아하지 않아요!

Tôi không thích.

또이   콩   틱

베트남인들은 강한 부정을
좋아 하지 않는다.

★ 당근이지!

Đương nhiên!

드엉   녠

★ 맞아요./틀렸어요.

Đúng./Không đúng.

둥   콩   둥

★ 그래요./안그래요.

Đúng thế./Không phải.

둥   테   콩   파이

★ 아마도...(그럴걸요?)

Hay có khi thế...

해이   꼬   키   테

★ 알겠습니다.

Tôi hiểu rồi.

또이   히에우   조이

★ 잘 모르겠습니다.

Tôi không rõ lắm.

또이   콩   조   람

★ 글쎄요, 잘 모르겠는데요.

Để xem nào... tôi cũng không rõ lắm.

데   쌤   나오   또이 꿍   콩   조   람

★ 난 찬성이야./난 반대야.

Tôi tán thành./Tôi phản đối.

또이   딴   타잉   또이   판   도이

⋯⋯▶ 저도요!

Tôi cũng thế.

또이   꿍   테

★ 정말이예요. 믿어주세요.

Thật đấy. Xin hãy tin tôi.

텃   데이   씬   해이   띤   또이

⋯⋯▶ 안됩니다.

Không được.

콩   드억

★ 그건 좀 곤란한데요.

Cái đó hơi khó ạ.

까이 더 허이 코 아

★ 괜찮습니다. (괜찮아요.)

Không sao.

콩 싸오

★ 그렇습니다./그렇지 않습니다.

Đúng thế./Không phải thế.

둥 테 콩 파이 테

★ 좋은 생각이네요.

Ý kiến hay.

이 끼엔 해이

★ 할 말이 있으면 하세요.

Nếu có gì muốn nói thì anh nói đi.

네우 꼬 지 무온 노이 티 아잉 노이 디

★ 이유가 뭔가요?

Lí do là gì?

리 조 라 지

›››› 제발 말씀해 주십시오.

Xin anh hãy nói đi.

씬 아잉 해이 노이 디

72

★ 이해되나요?

Anh có hiểu không?

 Track 29

아잉 꼬 히에우 콩

•••▸ 아, 알겠습니다. 성별과 무관하게 쓰인다.

À, tôi hiểu rồi.

아, 또이 히에우 조이

•••▸ 이해했습니다.(= 알겠습니다.)

Tôi hiểu rồi.

또이 히에우 조이

★ 제 말 뜻을 이해하시겠습니까?

Anh có hiểu ý tôi nói không?

아잉 꼬 히에우 이 또이 노이 콩

•••▸ 네, 이해가 됩니다.

Vâng, tôi hiểu.

벙 또이 히에우

와, 이제야 감이 잡히네요. 성별과 무관하게 쓰인다.

À, tôi hiểu ra rồi.

아, 또이 히에우 자 조이

③ 이해하지 못했을 때

★ 설마!

Lẽ nào lại thế.

래 나오 라이 테

Track 30

★ 과연 그럴까요? (= 정말?)

Thật ạ?

텃 아

★ 믿을 수가 없군요. 영어의 Unbelievable!

Không thể tin được.

콩 테 띤 드억

★ 잘 모르겠습니다.

Tôi không rõ lắm.

또이 콩 조 람

★ 이해가 안 되는군요.

Tôi không hiểu.

또이 콩 히에우

★ 무슨 말을 하는지 모르겠습니다.

Tôi không hiểu anh nói gì.

또이 콩 히에우 아잉 노이 지

4 답변하고 싶지 않을 때

★ 뭐라고 해야할지 모르겠네요.

Track 31

Tôi không biết phải nói gì nữa.
또이 콩 비엣 파이 노이 지 느어

★ 할말이 없군요.

Tôi không có gì để nói.
또이 콩 꼬 지 데 노이

★ 그 이상은 저도 모릅니다.

Tôi không biết gì hơn đâu.
또이 콩 비엣 지 헌 도우

★ 그건 개인적인 일입니다.

Đó là việc cá nhân.
더 라 비엑 까 년

★ 대답하고 싶지 않아요.

Tôi không muốn trả lời.
또이 콩 무온 짜 러이

④ 부탁

1 일반적인 부탁

★ 이것 좀 도와주십시오.

Làm ơn giúp tôi cái này với.
람 언 쥽 또이 까이 내이 버이

> ❋ ~도와주세요.
>
> **Làm ơn giúp (tôi)~.**
> 람 언 쥽 또이

★ 미안합니다만, 부탁합니다.

Xin lỗi, cho tôi nhờ một chút.
씬 로이, 쪼 또이 녀 몰 쯧

★ 저를/그를/그녀를/그들을 도와 주시겠습니까?

Anh có thể giúp tôi/anh ấy/cô ấy/họ được không?
아잉 꼬 테 쥽 또이 아잉 에이 꼬 에이 허 드억 콩

> ❋ ~할 수 있습니까? / ~해 주시겠습니까?
>
> **Có thể ╋ 동사 ╋ giúp tôi ╋ được không?**
> 꼬 테 쥽 또이 드억 콩

★ 부탁 하나 드려도 될까요?

Tôi nhờ anh một chút có được không?
또이 녀 아잉 몰 쯧 꼬 드억 콩

★ 당신 것을 빌려 주시겠습니까?

Anh cho tôi mượn cái của anh được không?
아잉 쪼 또이 므언 까이 꿔 아잉 드억 콩

76

부탁을 베트남어로 nhờ 녀 라고 한다. có thể 꼬 테 는 영어의 can에 해당하며,
일상 회화에서는 có thể 꼬 테 가 생략되는 경우가 많다.

Track
32

★ 문/창문 좀 열어주시겠어요?

Anh mở cửa/cửa sổ giúp tôi được không?
아잉 머 끄아 끄아 쏘 쥽 또이 드억 콩

★ 주소를 알려 주시겠어요?

Anh cho tôi (biết) địa chỉ được không?
아잉 쪼 또이 비엣 디아 찌 드억 콩

★ 잠깐 제 대신 해주시겠습니까?

Anh làm thay tôi một chút có được không?
아잉 람 태이 또이 못 쭛 꼬 드억 콩

 잠깐은 một chút 못 쭛 = một lúc 못 룩이라고도 한다.

★ 잠시 시간 좀 내주시겠습니까?

Anh có thể dành chút thời gian không?
아잉 꼬 테 자잉 쭛 터이 쟌 콩

★ 제 곁에 있어 주세요.

Xin hãy ở bên tôi.
씬 해이 어 벤 또이

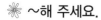 ~해 주세요.

Xin hãy ~.
씬 해이

★ 혼자 있게 해 주십시오.

Xin hãy để tôi ở một mình.
씬 해이 데 또이 어 못 밍

★ 저에게 기회를 주십시오.

Xin hãy cho tôi cơ hội.
씬   해이   쪼   또이   꺼   호이

★ 확인해 주십시오.

Làm ơn kiểm tra giúp tôi.
람   언   끼엠   짜   즙   또이

> **Tip** làm ơn 람 언은 có thể 꼬 테보다 공손하게 말하고 싶을 때 쓰인다.
> 둘 다 ~할 수 있습니까? 라는 뜻이지만, 영어의 please에 해당하는 làm ơn 람 언+동사 표현을
> 사용하면 더 공손한 느낌을 나타낸다.

★ 좀 쉬어도 될까요?

Tôi nghỉ một chút có được không?
또이   응이   몯   쭛   꼬   드억   콩

★ 제가 끼어도 되겠습니까?

Tôi xen vào có được không?
또이   쌘   바오   꼬   드억   콩

★ 저와 춤 추시겠어요?

Chị nhảy với tôi chứ?
찌   내이   버이   또이   쯔

★ 돈을 빌릴 수 있을까요?

Anh có thể cho tôi vay ít tiền không?
아잉   꼬   테   쪼   또이   배이   잇   띠엔   콩

★ 저와 함께 가시겠습니까?

Chị đi với tôi chứ?
찌   디   버이   또이   쯔

★ 담배를 피워도 괜찮습니까?

Tôi hút thuốc có được không?

또이 훗 투옥 꼬 드억 콩

◦◦◦▸ 안됩니다. 이곳은 금연구역입니다.

Không được. Đây là khu vực cấm hút thuốc.

콩 드억 데이 라 쿠 븍 껌 훗 투옥

★ 한 시간만 당신 컴퓨터를 사용해도 되겠습니까?

Tôi dùng máy tính của anh trong 1 giờ có được không?

또이 중 매이 띵 꿔 아잉 쫑 못 저 꼬 드억 콩

★ 가능한 빨리 저에게 알려 주시겠습니까?

Anh có thể cho tôi biết sớm không?

아잉 꼬 테 쪼 또이 비엣 썸 콩

79

2 **쾌히 승낙할 때**

★ 예. (그러겠습니다.)

Vâng.🔵 / dạ.🟠
벙.   야

> **Tip** 북부는 Vâng 벙. 남부는 dạ 야라고 한다.

★ 그렇고말고요.

Đúng thế ạ.
둥   테 아

★ 네. 뭘 도와드릴까요?

Vâng. Tôi có thể giúp gì cho anh?
벙   또이 꼬 테 쥽 지 쪼 아잉

★ 네, 기꺼이 도와 드리겠습니다.

Vâng. Tôi rất sẵn lòng giúp chị.
벙   또이 젇 싼 롱 쥽 찌

★ 물론입니다.

Tất nhiên rồi.
떳 니엔   조이

★ 그럼요. 문제없습니다.

Tất nhiên rồi. Không có vấn để gì.
떳 니엔   조이. 콩   꼬 번 데 지

★ 그렇게 하십시오.

Anh cứ làm thế đi.
아잉 끄 람 테 디

80

★ 그 정도야 누워서 떡먹기입니다.

Cái đó thì dễ như trở bàn tay.

까이 더 티 제 니으 쩌 반 떼이

Track
33

Tip dễ như trở bàn tay 제 니으 쩌 반 떼이 는 베트남 속담으로, 누워서 떡먹기와 의미가 같다.

★ 뭐든지 말씀만 해보십시오.

Dù là gì đi nữa thì anh cứ thử nói đi.

주 라 지 디 느아 티 아잉 끄 트 노이 디

★ 제가 할 수 있는 일이라면 도와드리겠습니다.

Nếu là việc tôi có thể làm được thì tôi sẽ giúp anh.

네우 라 비엑 또이 꼬 테 람 드억 티 또이 쌔 쯥 아잉

★ 힘껏 해 보겠습니다.

Tôi sẽ thử cố hết sức.

또이 쌔 트 꼬 헷 쓱

★ 가능하다면요. 뭔데요?

Nếu tôi có thể. Là việc gì thế ạ?

네우 또이 꼬 테. 라 비엑 지 테 아

③ 거절할 때

★ 죄송하지만, 할 수 없습니다.

Xin lỗi nhưng tôi không thể làm được.

씬 로이 니응 또이 콩 테 람 드억.

★ 안되겠습니다.

Không được đâu ạ.

콩 드억 도우 아

★ 아니, 괜찮습니다.

Không, không sao.

콩 콩 싸오

★ 미안하지만, 내가 혼자하는 것이 편합니다.

Xin lỗi, nhưng tôi làm một mình tiện hơn.

씬 로이 니응 또이 람 몯 밍 띠엔 헌

★ 다음에(언젠가) 기회가 있겠죠.

Lần sau chắc sẽ có cơ hội thôi.

런 싸우 짝 쌔 꼬 꺼 호이 토이

 다음에 언제 기회가 있겠죠. ➡ 다음에 기회가 있겠죠.
다음에는 언제라는 의미가 포함되므로 언제란 말을 따로 쓰지 않는다.

★ 곤란합니다.

Việc đó hơi khó ạ.

비엑 더 허이 코 아

 부탁을 거절할 때는 바로 Không 콩 **아니요** 라고 하기보다는 Việc đó hơi khó ạ 비엑 더 허이 코 아 그 일은 좀 어렵습니다. 곤란합니다. 등의 표현을 사용하는 것이 좋다.

⑤ 권유·제안

1 권유

★ 먼저 하세요.

Anh làm trước đi.
아잉 람 쯔억 디

★ 먼저 타세요.

Chị lên xe trước đi.
찌 렌 쌔 쯔억 디

★ 먼저 드세요.

Mời anh ăn trước.
머이 아잉 안 쯔억

* ăn 안 먹다

✳ ~하세요.

(Xin) Mời ✚ 2인칭 대명사 ✚ 동사
씬 머이

★ 지금 출발합시다. (베트남 뉘앙스) 출발합시다.

(Bây giờ) xuất phát thôi.
베이 저 쑤엇 팟 토이

 Tip 베트남 사람은 **지금**이란 뉘앙스의 말을 사용하지 않고 **출발합시다**란 표현만으로 대신한다.

★ 지금 돌아가는 편이 좋겠어요.

Bây giờ về là vừa đấy.
베이 저 베 라 브아 데이

Tip 1. 단순히 **좋겠어요**는 베트남어로 tốt/hay 똣/해이 인데, 여기에서는 판단의 의미로 **좋겠다**는 의미이므로
맞다의 의미인 vừa 브아라고 한다.

2. về 베는 돌아가다라는 뜻으로 집으로 (돌아)가다는 về nhà 베 냐라고 한다.

★ 제게 좋은 생각이 있습니다.

Ý kiến hay với tôi.
이 끼엔 해이 버이 또이

★ 이제 그만 합시다. = (베트남 뉘앙스) 오늘은 이만 합시다.

Track 35

Hôm nay đến đây thôi.
홈　　　내이　　덴　　데이　　토이

날 짜			
• 오늘	hôm nay 홈 내이	• 어제	hôm qua 홈 꽈
• 내일	ngày mai 응애이 마이	• 그저께	hôm kia 홈 끼아
• 모레	ngày kia 응애이 끼아		

★ 지금 시작하는 것이 좋을 것 같습니다.

Bây giờ bắt đầu là vừa (đấy).
베이　저　밧　도우　라　브아　데이

★ 지금 끝나는 것이 좋을 것 같습니다.

Bây giờ kết thúc là vừa (đấy).
베이　저　껫　툭　라　브아

★ 한 번 시도해 봅시다.

Hãy thử một lần xem.
해이　트　몯　런　쌤

Tip　lần 런은 ~회, ~번 이라는 뜻의 횟수를 나타내는 표현이다.

★ 화해해요.

Hãy giảng hòa đi.
해이　쟝　호아　디

★ 털어놓고 얘기합시다.

Hãy nói hết ra nhé.
해이　노이　헷　자　녜

② **제안**

★ 이건/저건/그건 어떻습니까?

Cái này/cái kia/cái đó thế nào ạ?

까이 내이   까이 끼아   까이 더 테   나오 아

★ 저랑 쇼핑 가시겠어요?

Anh có đi shopping với tôi không?

아잉 꼬 디 쇼핑   버이 또이 콩

★ 내일, 저녁이나 같이 먹을까요?

Ngày mai mình ăn tối với nhau nhé?

응애이   마이   밍   안 또이 버이 나우   내

> **Tip** mình밍은 우리와 나의 뜻이다.
> 예1) A : (우리) 뭘 먹을까? Mình ăn gì đây? 밍 안 지 데이
>   B : (우리) 아이스크림 먹자. (Mình) Ăn kem đi. (밍) 안 깸 디
> 예2) (또래 친구한테 말하는 경우) 난 15살이에요. Mình mười lăm tuổi. 밍 므어이 람 뚜오이

★ 도와 드릴까요?

Để tôi giúp anh?

데   또이 쭙   아잉

★ 부디 도와주십시오.

Xin hãy giúp tôi.

씬   해이 쭙   또이

★ 제가 가방을 들어드릴까요?

Tôi cầm túi giúp chị nhé?

또이 껌   뚜이 쭙   찌 내

> **Tip** nhé 내는 말끝에 붙여 권유나 제안 할 때 쓰는 표현이다. ~합시다 / ~할까요?의 뜻이다.

★ 제가 서류를 들어드릴까요?

Tôi cầm tài liệu giúp chị nhé?

또이 껌   따이 리에우 쭙   찌 내

86

★ 제가 안내를 해드릴까요?

Tôi hướng dẫn cho chị nhé?
또이 흐엉 전 쪼 찌 내

★ 창문을 열까요?

Tôi mở cửa sổ nhé?
또이 머 끄아 쏘 내

★ 드라이브 할까요?

 베트남에서는 ~에 가자란 말을 쓰지 자동차를 타고 목적지 없이 다니자는 말은 쓰지 않는다.

★ 오늘밤 영화를 보러가시겠습니까?

Tối nay anh có đi xem phim không?
또이 내이 아잉 꼬 디 쌤 핌 콩

★ 괜찮다면 같이 가시죠.

Nếu được thì chị đi cùng chứ.
네우 드억 티 찌 디 꿍 쯔

★ 나가서 산책이나 합시다.

Ta ra ngoài đi dạo đi.
따 자 응오아이 디 자오 디

★ 커피 한 잔 드시겠어요? = (베트남 뉘앙스) 커피 드시겠어요?

Chị uống cà phê nhé?
찌　　우옹　　까　페　　내

★ 블랙커피/밀크커피 한 잔 드시겠어요?

Anh uống cà phê đen/cà phê sữa nhé?
아잉　우옹　　까　페　　댄　까　페　　쓰아　내

cà phê 까페 **커피**

> **Tip** 아이스 커피 cà phê đá 까페 다
> 이 외, 아메리카노, 에스프레소, 마끼야또, 라떼 등 커피의 명칭은 영어발음으로 한다.

음료

• 커피	cà phê 까페		• 홍차	hồng trà 홍짜	
• 녹차	trà xanh 짜 싸잉		• 레몬에이드	nước chanh 느억 짜잉	
• 베트남차	trà Việt Nam 짜 비엣 남		• 콜라	cocacola 꼬까꼴라	

★ 기왕에 왔으니까 식사를 하는 게 좋을 것 같아요.

Nhân tiện đã đến rồi thì chị ăn cơm luôn nhé.
년　　띠엔　다　덴　　조이　티　찌　안　껌　　루온　　내

★ 식사하며 이야기라도 합시다.

Ta vừa ăn cơm vừa nói chuyện có được không?
따　브아　안　껌　　브아　노이　쭈엔　　꼬　드억　콩

❋ ~하면서 ~하다

vừa ~ vừa ~
브아　　브아

88

★ 편히 앉으십시오.

Mời chị cứ ngồi tự nhiên.
머이 찌 끄 응오이 뜨 니엔

★ 빠르면 빠를수록 좋습니다.

Càng nhanh càng tốt.
깡   냐잉   깡   똣

✱ ~하면 ~할수록

càng~ càng~
깡~   깡

★ 담배를 끊는 것이 좋습니다.

Bỏ thuốc là tốt.
보 투옥   라 똣

★ 담배와 술을 끊으셔야 합니다.

Anh phải bỏ thuốc lá và rượu.   * và 바 ~와/과
아잉 파이 보 투옥   라 바 즈어우

대화할 때 긍정의 의미를 갖는 표현들을 사용하면 좋다.

★ 좋습니다.

Tốt.

똣

★ 그거 좋은 생각입니다.

Đó là một ý kiến hay.

더 라 몰 이 끼엔 해이

★ 네, 그렇게 하겠습니다.

Vâng. Tôi sẽ làm như thế.

벙 또이 쌔 람 니으 테

★ 감사합니다. 그렇게 해 주십시오.

Cám ơn. Anh hãy làm như thế giúp tôi.

깜 언. 아잉 해이 람 니으 테 쥽 또이

★ 당신이 말한 대로 하겠습니다.

Tôi sẽ làm như anh nói.

또이 쌔 람 니으 아잉 노이

★ 기꺼이 당신의 제안을 받아들이겠습니다.

Tôi ghi nhận đề nghị của anh.

또이 기 년 데 응이 꿔 아잉

★ 그것도 나쁘지 않군요.

Cái đó cũng không tệ.

까이 더 꿍 콩 떼

이..이쁘네....

90

④ 권유 · 제안에 거절할 때

원만한 관계를 위해 딱 잘라서 không 콩 아니다라고 하기 보다는 본인의 상황을 설명하는 것이 좋다.

Track 38

★ 사양하겠습니다.

Tôi xin được từ chối.

또이 씬 드억 뜨 쪼이

★ 고맙지만, 필요 없습니다.

Cám ơn nhưng tôi không cần.

깜 언 니응 또이 콩 껀

★ 죄송하지만, 지금은 안됩니다.

Xin lỗi nhưng bây giờ thì không được.

씬 로이 니응 베이 저 티 콩 드억

★ 다른 용무가 있어서...

Tôi định làm việc khác rồi...

또이 딩 람 비엑 칵 조이

★ 그럴 생각이 없습니다.

Tôi không có ý định đó.

또이 콩 꼬 이 딩 더

★ 가고 싶지만, 선약이 있습니다.

Tôi rất muốn đi nhưng lại có hẹn trước mất rồi.

또이 젇 무온 디 니응 라이 꼬 핸 쯔억 먿 조이

★ 그럴 기분이 아닙니다.

Tôi không có tâm trạng lắm.

또이 콩 꼬 떰 쨩 람

⑥ 계획·결정

① 계획

★ 새로운 사업을 할 예정입니다.

Tôi định bắt đầu một công việc kinh doanh mới.

또이 딩 밧 도우 몯 꽁 비엑 낑 조아잉 머이

Track 39

★ 이번 주말에 여행갈 계획입니다.

Cuối tuần này tôi định đi du lịch.

꾸오이 뚜언 내이 또이 딩 디 주 릭

☀ ~할 예정이다.

주어 ✦ **định** ✦ 동사~
　　　　딩

예정 · 계획

★ 다음 주에 한국으로 돌아갈겁니다.

Tuần sau tôi sẽ quay lại Hàn Quốc.

뚜언 싸우 또이 쌔 꽤이 라이 한 꾸옥

☀ ~할 것이다.

주어 ✦ **sẽ** ✦ 동사 ~
　　　쌔

가까운 미래

★ 9시에 출발할 예정입니다.

Dự định xuất phát lúc 9 giờ.

즈 딩 쑤엇 팟 룩 찐 저

Tip lúc 룩은 ~에라는 시간을 나타내는 조사이다.

② 결정

Track 40

★ 결정하셨습니까?

Anh đã quyết định chưa?

아잉　다　꾸윗　딩　쯔아

★ 밤새 잘 생각해 보십시오.

Hãy suy nghĩ kĩ suốt đêm.

해이　쉬　응이　끼　쑤옷　뎀

★ 아직 결정을 못했습니다.

Tôi vẫn chưa quyết định được.

또이　번　쯔아　꾸윗　딩　드억

★ 며칠 동안 생각할 시간을 주십시오.

Hãy cho tôi thời gian suy nghĩ trong mấy ngày.

해이　쪼　또이　터이　잔　쉬　응이　쫑　메이　응애이

★ 그건 제 마음대로 결정할 수가 없습니다.

Cái đó tôi không thể tự quyết định theo ý mình được.

까이　더　또이　콩　테　뜨　꾸이엣　딩　테오　이　밍　드억

★ 어떻게 해야할지 모르겠습니다.

Tôi không biết phải làm thế nào.

또이　콩　비엣　파이　람　테　나오

★ 동전을 던져서 결정합시다.

Tung đồng xu rồi quyết định nhé.

뚱　동　쑤　조이　꾸윗　딩　내

93

⑦ 충고

1 충고

★ 최선을 다하십시오.

Hãy làm hết sức.

해이 람 헷 쏙

★ 자존심을 버리세요.

Hãy nén tự ái lại.

해이 낸 뜨 아이 라이

> ✿ ~하십시오. / ~하세요.
>
> **Hãy ✚ 동사 ~ ✚ (đi).**
> 해이 디

명령문

★ 선수를 치십시오.

Anh bắt đầu trước đi.

아잉 밧 도우 쯔억 디

★ 진지하십시오.

Hãy nghiêm túc đi.

해이 응이엠 뚝 디

★ 그것을 그만두세요.

Thôi việc đó đi.

토이 비엑 더 디

★ 어른답게 행동하세요.

Hãy hành động như người lớn đi.

해이 하잉 동 니으 응으이 런 디

★ 농담이 너무 심하네요.

Anh đùa hơi quá rồi.

아잉 두아 허이 꽈 조이

제 말에 귀를 기울이십시오.

Hãy nghe kĩ lời tôi nói.

명심하세요.

Hãy ghi nhớ.

해이 기 녀

그는/그녀는 나에게 많은 충고를 해 주었습니다.

Anh ấy/Cô ấy đã khuyên tôi rất nhiều.

아잉 에이 꼬 에이 다 쿠웬 또이 젇 니에우

지금 가는편이 좋겠어요.

Bây giờ đi là vừa.

베이 저 디 라 브아

* ~하는 편이 좋다.

주어 ✚ là ✚ vừa.

라 브아

실수를 할까봐 두려워 마세요.

Đừng sợ mắc sai lầm.

등 써 막 싸이 람

② 주의

★ 멈춰요!

Dừng lại.
증　　　라이

★ 주의하세요.

Hãy chú ý.
해이　쭈　　이

★ 각별히 주의하십시오.

Hãy đặc biệt chú ý.
해이　닥　비엣　쭈　이

★ 자동차를 특히 주의하세요. = (베트남 뉘앙스) 자동차를 조심하십시오.

(Anh/ chị) cẩn thận xe cộ nhé.
아잉　찌　껀　턴　쌔　꼬　내

★ 어떠한 경우라도 반드시 내게 알려주십시오.

Dù là hoàn cảnh nào cũng phải báo cho tôi biết.
주　라　환　　까잉　나오　꿍　　파이　바오　쪼　또이　비엣

★ 그곳에 가시면 안 됩니다.

Anh không được đi đến chỗ đấy.
아잉　콩　　드억　디　덴　쪼　데이

✻ ~하면 안된다. / ~할 수 없다.

주어 ✚ không được ✚ 동사 ~
　　　　　콩　　　드억

96

☆ 잊지 말고, 꼭 기억하세요.

Chắc chắn phải nhớ, đừng quên nhé.

짝 짠 파이 녀, 등 쿠웬 내

☆ 오해하지 마세요.

Anh (đừng) hiểu lầm.

아잉 등 히에우 럼

☆ 화내지 마세요

Anh đừng giận.

아잉 등 젼

☆ 개의치 마세요.

(Xin) đừng bận tâm.

(씬) 등 번 떰

☆ 저를 실망시키지 마세요.

Xin đừng làm tôi thất vọng.

씬 등 람 또이 텃 봉

☆ 사람 놀리지 마! = (베트남 뉘앙스) 바보 취급하지 마!

Đừng coi tôi là đồ ngốc!

등 꺼이 또이 라 도 응옥

얼레리 꼴레리

비밀을 지키세요.

Xin hãy giữ bí mật.

씬   해이   즈   비   멋

격식 따위는 따지지 마세요.

Đừng chuốc lấy rắc rối.

등   쭈옥   레이   작   조이

이제 싸움은 그만 합시다.

Hãy thôi cãi nhau ngay đi.

해이   토이   까이   냐우   응애이   디

제발 언성을 높이지 마세요.

Xin đừng lên giọng.

씬   등   렌   종

✳ ~하지 마세요.

(Xin) ➕ 주어 ➕ **đừng** ➕ 동사 ~
　　씬　　　　　　　　　　등

제발 욕 좀 그만 하십시오.

Xin anh thôi chửi bới đi.

씬   아잉   토이   쯔이   버이   디

자기가 한 말은 책임져야 합니다.

Phải có trách nhiệm với lời mình nói.

파이   꼬   짜익   니엠   버이   러이   밍   노이

법대로 하는 것이 좋을 것 같습니다.

Nên làm theo pháp luật.

넨　람　태오　팝　루엇

말보다는 행동이 중요합니다.

Hành động quan trọng hơn lời nói.

하잉　동　꽌　쫑　헌　러이　노이

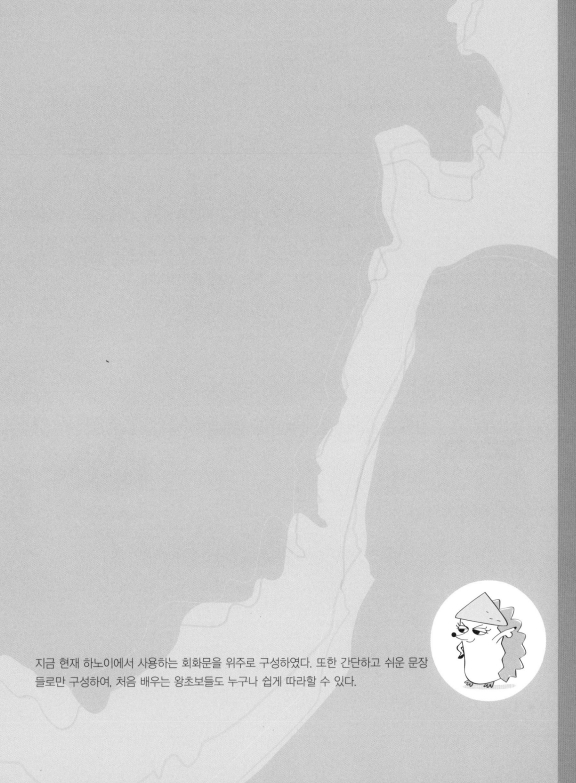

지금 현재 하노이에서 사용하는 회화문을 위주로 구성하였다. 또한 간단하고 쉬운 문장들로만 구성하여, 처음 배우는 왕초보들도 누구나 쉽게 따라할 수 있다.

Bài ① 취미

취미가 무엇입니까?

A) Sở thích của anh là gì?
써 틱 꿔 아잉 라 지

저의 취미는 춤입니다.

B) Sở thích của tôi là nhảy.
써 틱 꿔 또이 라 내이

저의 취미는 춤입니다.= (베트남 뉘앙스) 저는 춤(추는 것)을 좋아합니다.

Tôi thích nhảy.
또이 틱 내이

취미			
• 독서	đọc sách 독 싸익	• TV보기	xem tivi 쌤 띠비
• 클래식 음악듣기	nghe nhạc cổ điển 응애 낙 꼬 디엔	• 영화 보기	xem phim 쌤 핌
• 오페라 보기	xem hát opera 쌤 핫 오 페 라	• 잠자기	ngủ 응우
• 페이스북/트위터	Facebook / Twitter 페이스북 투이터	• 음식 만들기	nấu ăn 노우 안
• 온라임 게임 하기	chơi game online 쩌이 게임 온라인	• 사진 찍기	chụp ảnh 쭙 아잉
• 인터넷 서핑	lướt internet 르엇 인터넷	• 수다떨기	tán dóc/nói chuyện 딴 죽 노이 쭈웬
• 블로그 만들기	dùng blog 중 블록	• 쇼핑	shopping 쇼핑

102

저의 취미는 + (   ) 입니다.

Sở thích của tôi là... 써 틱 꿔 또이 라 ~ / Tôi thích... 또이 틱

일상 생활에서 대답할 때는, Tôi thích... 또이 틱
저는 ~하기를 좋아합니다. 라는 표현이 선호된다.

다양한 취미

나이가 많은 할아버지들은 중국 장기, 또는 정원 가꾸기, 산책
하기 등을 즐기며 할머니들은 시를 읊는 것과 기공체조를 하
는 것을 좋아한다.
청년들은 한국 젊은이들처럼 여행 (특히 오토바이를 타고 여행
하는 것), 영화 보기, 친구 만나 수다 떨기 등을 좋아한다.

Bài ② 음식

당신은 어떤 음식을 좋아합니까?

A) Anh thích món ăn nào?
아잉 틱 몬 안 나오

베트남 음식은 다 좋아 합니다.

B) Tôi thích tất cả món ăn Việt Nam.
또이 틱 떳 까 몬 안 비엣 남

저는 모든 종류의 한국음식을 좋아합니다.

Tôi thích tất cả các món ăn Hàn Quốc.
또이 틱 떳 까 깍 몬 안 한 꾸옥

각 나라 음식

- 한국음식   món ăn Hàn Quốc 몬 안 한 꾸옥

- 일본요리   món ăn Nhật Bản 몬 안 녓 반

- 프랑스요리   món ăn Pháp 몬 안 팝

- 베트남 향토요리   món ăn địa phương Việt Nam 몬 안 디어 프엉 비엣 남

- 중국요리   món ăn Trung Quốc 몬 안 쭝 꾸옥

- 이탈리아요리   món ăn Ý 몬 안 이

① món sợi 몬 써이
면요리

② món rau 몬 자우
야채요리

③ món làm từ bột 몬 람 뜨 볻
밀가루로 만든 요리

④ món cá 몬 까
생선요리

⑤ hoa quả 화 꽈
과일

⑥ món thịt 몬 팃
고기요리

일반 가정식

베트남의 음식

주식 재료는 쌀과 생선이다. 우리나라와 달리 바다 생선뿐만 아니라 민물고기도 말림, 튀김, 국, 찜으로 만들어 먹는다. 이 외에 고기류는 주로 닭, 돼지고기, 쇠고기를 먹는다.
야채류 중에서는 베트남인들에게 여름계절에 없어서는 안될 것으로 자우 무옹 rau muống – 미나리와 비슷한 살짝 데친 나물 무침이 있다.

Bài ③ 교통 **1** 택시

xe ôm 쌔 옴은 베트남에서만 찾을 수 있는 유일한 교통 수단이다. 오토바이에 사람을 태우고 거리에 따라 돈을 받는다.

택시를 어디서 타나요?

A) Chỗ bắt taxi ở đâu?
　　쪼　　밧　　딱시　어 도우

　　　　　　　　　　　　　　　* xe buýt 쌔 뷧 버스

이곳에서 타세요.

B) Anh bắt + (교통수단) + ở đây.
　　아잉　밧　　　　　　　　어 데이

　　　　　　　　　　　　　　　* ở kia 끼아 저곳

> **Tip** 길 건너에서 타세요는 Anh qua đường rồi bắt + (교통수단). 라고 한다.
> 　　　　　　　　　아잉 꾸아 드엉　조이 밧

어디로 가시나요?

A) Chị đi đâu?
　　찌　디 도우

이 주소로 가주세요.

B) Anh đi đến địa chỉ này giúp tôi.
　　아잉　디 덴　디아 찌 내이 쯥　또이

　　　　　　　　* Anh đi đến đây giúp tôi. 이 곳으로 가 주세요. 지도를 가르킬 때
　　　　　　　　　아잉　디 덴 데이 쯥　또이

위치와 방향

• 앞	trước 쯔억	• 동쪽	đông 동	• 위	trên 쩬
• 뒤	sau 사우	• 서쪽	tây 떠이	• 아래	dưới 즈어이
• 왼쪽	bên trái 벤 짜이	• 남쪽	nam 남	• 가운데	giữa 즈어
• 오른쪽	bên phải 벤 파이	• 북쪽	bắc 박	• 옆	cạnh 까잉

① Khách sạn Hilton 카익 싼 힐튼
힐튼 호텔

② Đại sứ quán Hàn Quốc 다이 쓰 꽌 한 꾸옥
한국대사관

③ Ga Hà Nội 가 하 노이
하노이 기차역

저 위로
데려다 주세요~

돈부터...

~(으)로 가 주세요.

Anh đi đến + 장소 + giúp tôi.
아잉 디 덴　　　　　　줍　또이

택시를 타고난 후, 자신이 가고 싶은 장소를 말해주면 된다.

베트남 주소는 한국보다 훨씬 찾기가 쉽다.

예전에는 건물 번지가 겹친 경우가 많은데, 요즘은 그렇지 않은
편이며, 특히 호텔의 경우는 주소가 정확하다.
시내도로는 일방통행 도로가 많고 보통 2차선 이상의 차선이다.

1 택시를 불러 주시겠어요?

Chị gọi taxi giúp tôi được không?
찌 고이 딱씨 쥽 또이 드억 콩

2 역까지 얼마나 나오나요? 숫자로 적어 주세요.

Đi đến ga thì hết bao nhiêu tiền? Anh ghi bằng số giúp tôi.
디 덴 가 티 헷 바오 니에우 띠엔 아잉 기 방 쏘 쥽 또이

3 노이 바이 공항까지 얼마정도 나오나요?

Đi đến sân bay Nội Bài hết khoảng bao nhiêu tiền?
디 덴 썬 배이 노이 바이 헷 쾅 바오 니에우 띠엔

4 ～까지 얼마나 걸릴까요?

Đi đến～ hết bao lâu?
디 덴 헷 바오 로우

> **tip** từ ～뜨 đến ～덴은 ～에서 ～까지라는 뜻으로, 거리나 시간 등의 시작과 끝을 나타낸다.

5 조금만 서둘러 주세요.

Anh làm ơn đi nhanh hơn một chút.
아잉 람 언 디 냐잉 헌 몯 쫏

6 여기서 기다려 주세요.

Làm ơn đợi tôi ở đây.
람 언 더이 또이 어 데이

7 여기에 세워 주세요.

Cho tôi xuống đây.
쪼   또이 쑤옹   데이

위 치

- 다음 모퉁이   chỗ rẽ tiếp theo 쪼 재 띠엡 태오
- 빌딩 앞   tòa nhà phía trước 따 냐 피아 쯔억
- 다음 신호등   cột đèn giao thông tiếp theo 꼳 댄 자오 통 띠엡 태오

8 얼마인가요?

Bao nhiêu tiền?
바오   니에우   띠엔

tip bao nhiêu 바오 니에우는 **얼마나, 몇** 이라는 뜻이며, tiền 띠엔 은 **돈**이라는 뜻이다.

9 잔돈은 가지세요.

Anh cứ giữ lại tiền lẻ đi.
아잉 끄 즈   라이 띠엔 래 디

10 요금이 미터기와 다르네요.

Tiền và số công tơ mét khác nhau.
띠엔 바 쏘 꽁   떠 맫   칵   냐우

택시 미터기

택시를 탈 때는
팁을 거의 주지 않는다.

109

Thống Nhất 통 녓 기차는 하노이에서 남부쪽으로 가는 기차로 이용하기 쾌적한 기차이다.

통 녓기차를 타고 싶은데요.

A) Tôi muốn đi tàu Thống Nhất.
또이 무온 디 따우 통 녓

기차표는 어디서 구입하나요?

Tôi phải mua vé tàu ở đâu?
또이 파이 무아 배 따우 어 도우

이곳에서 사면 됩니다.

B) Anh mua ở đây.   * ở kia 어 끼아 저곳
아잉 무아 어 데이

하노이행 소프트좌석, 성인표 2장 주세요.

A) Cho tôi 2 vé người lớn, ghế mềm đi Hà Nội.
쪼 또이 하이 배 응으이 런, 게 멤 디 하 노이

> **Tip**
>
> ～행표 ～장 주세요 Cho tôi + (수량) + vé, đi + (목적지)
> 쪼 또이 배 디

* người lớn 응으이 런 성인

cf trẻ em 째 엠 아동

110

기차표를 예약 하기 위해서...

전화로 예약을 할 수는 없고, 여행사나 기차역에서 표를 구입
할 수 있다. 비수기에는 비교적 기차요금이 싸며, 성수기에는
표를 빨리 사야만 좌석을 배정받을 수 있다.
취소를 하기 위해서는 적어도 출발 48시간 이전에 해야만 환불
을 받을 수 있다.

1 표파는 곳이 어디입니까?

Phòng bán vé ở đâu?

퐁　반　배 어 도우

2 기차 시간표를 주세요.

Làm ơn đưa cho tôi bảng giờ tàu.

람　언　드아　쪼　또이 방　저　따우

tip 운행 시각표는 lịch giờ vận hành 릭 저 번 하잉 이라고도 한다.

3 성인표 1장 주세요.

Cho tôi một vé người lớn.

쪼　또이 못　배　응으이　런

좌석과 표

• 일등석	vé hạng một (1) 배 항 몯		• 성인표	vé người lớn 배 응으이 런	
• 이등석	vé hạng hai(2) 배 항 하이		• 어린이표	vé trẻ em 배 째 앰	
• 침대칸	khoang giường nằm 쾅 즈엉 남		• 무료	miễn phí 미엔 피	

4 편도표/왕복표를 주세요.

Cho tôi vé một chiều/vé khứ hồi.

쪼　또이 배 몯　찌에우　배 크　호이

5 예약없이 기차를 탈 수 있습니까?

Nếu không đặt mua vé trước thì tôi có thể lên tàu không?

네우 콩　닷 무아 배 쯔억　티 또이 꼬 테 렌 따우 콩

6 후에행 통 녓 기차를 예약하고 싶습니다.

Tôi muốn đặt vé tàu Thống Nhất đi Huế.

또이 무온 닷 배 따우 통 녓 디 후에

> **tip** đặt (chỗ) 닷 (쪼) 예약하다라는 뜻이다.

7 어느 역에서 갈아타야 합니까?

Tôi phải chuyển ở ga nào?

또이 파이 쭈웬 어 가 나오

> **tip** 역은 ga가 라고 한다.

하노이역

ga가 기차역

?

Bài ③ 교통 ③ 버스

Track 53

베트남에는 지하철이 없고, 버스 정류장마다 큰 노선도가 있다. 버스는 타면서 현금을 내면 된다.

첫 차가 몇 시인가요?

A) Chuyến xe đầu tiên lúc mấy giờ?
쭈웬 쌔 도우 띠엔 룩 메이 저

* đầu tiên 도우 띠엔 첫 번째, 처음으로

이 버스의 막차 시간은 밤 10시입니다.

B) Xe buýt này chuyến cuối lúc mười(10) giờ tối.
쌔 빗 나이 쭈웬 꾸오이 룩 므어이 저 또이

시외 가는 버스는 어디서 타나요?

A) Tôi phải bắt xe buýt ngoại thành ở đâu?
또이 파이 밧 쌔 빗 응와이 타잉 어 도우

* nội thành 노이 타잉 시내

버스터미널에서 타야합니다.

B) Anh phải bắt ở bến xe buýt.
아잉 파이 밧 어 벤 쌔 빗

* trung tâm thương mại (plaza) 백화점
쭝 땀 트엉 마이 (프라자)

건물			
• 공항	sân bay 썬 배이	• 빌딩	tòa nhà 또아 냐
• 백화점	trung tâm thương mại (=plaza) 쭝 땀 트엉 마이 프라자	• 호텔	khách sạn 카익 싼

① **đường** 드엉
거리

② **khu trung tâm** (=downtown) 쿠 쭝 떰
시내

같이 가~~~ㅠㅠ
내꺼 사줘야지!!!

버스 따라잡음
사 줄께~~~뛰어

이 버스는 ~에 갑니까?

Xe buýt này có đi ~ không? 쌔 뷧 내이 꼬 디~ 콩

팸플렛이나 지도를 보여 주면서 **이 버스가 이곳을 가나요?**
Xe buýt này có đi đến chỗ này không? 쌔 뷧 내이 꼬 디 덴 쪼 내이 콩
라고 묻는다.

115

1 다시 호텔로 가려면 어디서 타야 하나요?

Nếu muốn quay lại khách sạn thì tôi phải bắt xe ở đâu?

네우 무온 꽤이 라이 카익 싼 티 또이 파이 밧 쌔 어 도우

2 하노이역까지 가려면 몇 번 버스를 타야하나요?

Đi đến Ga Hà Nội, thì phải đi xe buýt số mấy?

디 덴 가 하 노이 티 파이 디 쌔 빗 쏘 메이

3 그곳에 도착하면 가르쳐 주세요.

Nếu đến nơi thì anh bảo tôi nhé.

네우 덴 너이 티 아잉 바오 또이 내

4 버스의 배차 시간은 어떻게 되나요? (베트남 뉘앙스) 버스는 얼마나 자주 옵니까?

Cách bao lâu lại có xe buýt?

까익 바오 로우 라이 꼬 쌔 빗

> **tip** 배차 시간이란 뜻의 단어는 없다.
> Cách bao lâu 까익 바오 로우 란 표현을 사용하는데, 영어의 **How often**의 뜻이다.

5 이 버스는 10분에 한 번 옵니다.

Xe buýt này cứ 10 phút lại có một chuyến.   * một tiếng 몯 띠엥 1시간

쌔 빗 나이 끄 므어이 풋 라이 꼬 몯 쭈웬

Vietnam Culture

베트남의 **교통**

베트남 버스

하노이와 호치민 같은 대도시에는 우리나라처럼 버스를 타는 곳이시외버스와 시내버스로 구분되어 있다.

타지역으로 가는 버스터미널인 시외버스터미널이 여러 곳이 있다. 예를 들어, 하노이에 **Mỹ Đình** 미 딩 **버스터미널**, **Kim Mã** 낌 마 **버스터미널**, **Long Biên** 롱 비엔 **버스터미널** 등이 있다.

xe buýt 버스
쌔 붓

이곳에서 표를 구해서 목적지로 가거나 버스를 먼저 타고 표를 구매해도 된다.현지 사람은 주로 먼저 타고 나서 표를 구하는 편이다.

시외버스가 대개 오랜된 차로 에어컨이 없고 자리가 협소하기 때문에 사용하는 것이 아주 불편하다.

그러나 관광회사에서 운영하는 장거리 버스의 경우, 요금은 조금 비싸지만 냉방이 되고 예매도 가능하다.

시내버스 경우에는, 하노이와 호치민시에서 시내버스 노선도 늘어나고 배차 간격도 줄어들었다.

시내버스는 우리나라와 달리 노선에 따라 색깔이 다르지 않고 똑같이 빨간색과 노란색 버스이다. 교통카드 같은 것은 없고 버스를 탈 때 돈을 내고 버스티켓을 구매한다.

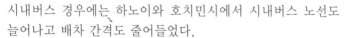

bến xe buýt 버스터미널
벤 쌔 붓

차를 빌리고 싶습니다.

A) Tôi muốn thuê xe ô tô.

또이 무온 퉤 쌔 오 또

> **Tip** ~을 빌리다 thuê와 mượn
>
> 예 》 차를 빌리다   thuê xe 투에 쌔   (친구의) 책을 빌리다   mượn sách 므언 싸익

어떤 차를 원하십니까?.

B) Anh muốn thuê xe nào?

아잉 무온 퉤 쌔 나오

* 주어 + muốn~ ~을 원하다
무온

얼마 동안 빌리고 싶습니까?

B) Anh muốn thuê trong bao lâu?

아잉 무온 퉤 쫑 바오 로우

24시간입니다.

A) Trong 24 giờ.

쫑 하이므어이 본 저

시간			
• 하루	1 ngày 몯 응애이	• 일주일	1 tuần 몯 뚜언
• 2일간	2 ngày 하이 응애이	• 한 달	1 tháng 몯 탕

① xe mui trần 쌔 무이 쩐
오픈카

② hộp số tự động 홉 쏘 뜨 동
오토 변속

차는 스틱이 제맛인데…

흐뭇~

③ hộp số thường 홉 쏘 트엉
수동(스틱)

~얼마입니까?

~bao nhiêu? 바오 니에우

- Một ngày bao nhiêu tiền? 몯 응애이 바오 니에우 띠엔 하루에 요금이 얼마입니까?

- Giá thuê xe van là bao nhiêu? 쟈 투에 쌔 밴 라 바오 니에우 벤을 빌리는데 얼마입니까?

- Một cây số bao nhiêu tiền? 몯 꺼이 쏘 바오 니에우 띠엔 1킬로당 얼마입니까?

1 어디에서 차를 빌리나요?

Tôi có thể thuê xe ô tô ở đâu?

또이 꼬 테 퉤 쌔 오 또 어 도우

tip thuê~ 퉤 는 대여, 빌리다라는 표현이다.

예 》 렌트카 xe cho thuê 쌔 쪼 퉤

2 오픈카를 원합니다.

Tôi muốn thuê xe mui trần.

또이 무온 퉤 쌔 무이 쩐

자동차

베트남에서는 자동차의 종류를 좌석 수로 구별해서 부르는 편이다.

- 좌석 4자리 (소형) xe 4 chỗ 쌔 본 쪼
- 좌석 7자리 (중형) xe 7 chỗ 쌔 배이 쪼
- 좌석 16자리 (대형) xe 16 chỗ 쌔 므어이 싸우 쪼

- 오픈카 xe mui trần 쌔 무이 쩐
- 오토 hộp số tự động 홉 쏘 뜨 동
- 수동 hộp số thường 홉 쏘 트엉

3 렌트비는 하루에 얼마 입니까?

Tiền thuê một ngày bao nhiêu?

띠엔 퉤 몯 응애이 바오 니에우

※ ~얼마입니까?

~bao nhiêu?

바오 니에우

4 하루에 요금이 얼마입니까?

Một ngày bao nhiêu tiền?

몯 응애이 바오 니에우 띠엔

120

5 벤을 빌리는 데 얼마입니까?

Giá thuê xe van là bao nhiêu?

쟈 투에 쌔 밴 라 바오 니에우

van 밴
밴

6 1킬로 당 얼마입니까?

Một cây số bao nhiêu?

몯 꺼이 쏘 바오 니에우

7 상해보험에 들고 싶습니다.

Tôi muốn mua bảo hiểm thân thể.

또이 무온 무아 바오 히엠 턴 테

8 도로지도를 주세요.

Anh cho tôi bản đô đường phố.

아잉 쪼 또이 반 도 드엉 포

9 차의 반납은 어디서 하나요?

Tôi phải trả xe ở đâu?

또이 파이 짜 쌔 어 도우

> **tip** 종합보험 bảo hiểm tổng hợp 바오 히엠 똥 협
>
> 신용카드로 결제해 주세요. Tôi muốn thanh toán bằng thẻ tín dụng. 또이 무온 타잉 똰 방 태 띤 중

베트남은 길이 복잡하다. 길을 잃거나 길을 물어볼 때 쓰는 표현을 잘 알아두도록 하자.

길을 잃었습니다.

A) Tôi bị lạc đường.
또이 비 락 드엉

* lạc đường 락 드엉 길을 잃다

어디를 찾으시나요?

B) Anh tìm chỗ nào à?
아잉 띰 쪼 나오 아

Tip

● ~을 찾으시나요?   Anh tìm + (장소 / 물건 / 사람) + à?
                     아잉 띰   아

항다오 거리에 가려고 합니다.

A) Tôi muốn đi đến phố Hàng Đào.
또이 무온 디 덴 포 항 다오

버스를 타야 하겠네요.

B) Anh phải đi xe buýt.
아잉 파이 디 쌔 빗

교통			
~으로 수단	bằng~ 방~		
● 버스로	bằng xe buýt 방 쌔 빗	● 기차로	bằng tàu hỏa 방 따우 화
● 택시로	bằng taxi 방 딱씨	● 비행기로	bằng máy bay 방 매이 배이

① Hồ Tây 호 때이
때이 호수

② Quảng trường Ba Đình 꽝 쯔엉 바 딩
바 딩 광장

③ Hồ Hoàn Kiếm 호 호안 끼엠
호안 끼엠 호수

④ đi bộ 디 보
걷다

⑤ Chợ Đồng Xuân 쩌 동 쑤언
동 쑤언 시장

⑥ Bảo tàng Hồ Chí Minh 바오 땅 호 찌 밍
호치민 박물관

~에 가다./~에 가고 싶다

Tôi đi ~. 또이 디 ~ / Tôi muốn đi ~. 또이 무온 디 ~

1 실례합니다. 이 호텔을 찾고 있는데요.

Xin lỗi. Tôi đang tìm khách sạn này.

씬 로이. 또이 당 띰 카익 싼 내이

2 이 거리의 이름은 무엇입니까?(=이 거리는 이름이 무엇입니까?)

Đường này tên là gì?

드엉 내이 뗀 라 지

3 여기서 가까운가요? 먼가요?

Có gần đây không? Có xa đây không?

꼬 건 데이 콩 꼬 싸 데이 콩

tip gần 건은 가깝다, xa 싸는 멀다라는 뜻의 형용사이다.

4 여기서부터 걸어서 얼마나 걸립니까?

Đi bộ từ đây mất bao lâu?

디 보 뜨 데이 멑 바오 로우

tip đi bộ 디보 걸어서라는 뜻이다.

5 여기가 어디인가요?

Đây là đau?

데이 라 도우

124

6 버스와 택시, 어느 쪽이 편리할까요?

Xe buýt và taxi bên nào tiện hơn?

쌔 빗 바 딱씨 벤 나오 띠엔 헌

7 몇 번 버스를 타야합니까?

Tôi phải đi xe buýt số mấy?

또이 파이 디 쌔 빗 쏘 메이

8 오른쪽에 있나요? 왼쪽에 있나요?

Nó ở bên phải à? Nó ở bên trái à?

너 어벤 파이 아 너 어벤 짜이 아

9 지도에 표시해 주시겠어요? 지도를 보여주면서

Anh đánh dấu trên bản đồ giúp tôi với.

아잉 다잉 조우 쩬 반 도 쥽 또이 버이

Bài ④ 식 사 ❶ 예약

두 사람 자리를 예약하고 싶습니다.

A) Tôi muốn đặt chỗ cho 2 người.
또이 무온 닷 쪼 쪼 하이 응으이

알겠습니다. 감사합니다.

B) Dạ vâng. Cám ơn anh.
자 벙 깜 언 아잉.

창가 좌석으로 예약하길 원합니다.

A) Tôi muốn đặt chỗ gần cửa sổ.
또이 무온 닷 쪼 건 끄아 쏘

몇 분이십니까?

B) Anh đi mấy người ạ?
아잉 디 메이 응으이 아

두 사람입니다.

A) 2 người.
하이 응으이

사 람			
• 한사람	một người 뫁 응으이	• 세사람	ba người 바 응으이
• 두사람	hai người 하이 응으이	• 네사람	bốn người 본 응으이

분위기가 아주 좋은 식당은 보통 미리 예약을 해야한다.

예약을 할 때에는 식사시간과 인원수 등을 알려줘야 하며, 본인의
이름과 전화번호를 남기면 된다.특별히 원하는 좌석이나 웨이터
혹은 웨이트리스를 지정할 수 있다.

1 근처에 괜찮은 식당이 있습니까?

Gần đây có nhà hàng nào ngon không?

건 데이 꼬 냐 항 나오 응언 콩

2 하노이 레스토랑입니다.

Nhà hàng Hà Nội xin nghe.

냐 항 하 노이 씬 응애

3 정장을 입어야 하나요?

Tôi có phải mặc đồ lịch sự không?

또이 꼬 파이 막 도 릭 쓰 콩

4 아니오, 그럴 필요 없습니다.

Không, không cần phải thế ạ.

콩 콩 껀 파이 테 아

5 저녁 6시에 예약을 하고 싶습니다.

Tôi muốn đặt bữa tối lúc 6giờ.

또이 무온 닷 브아 또이 룩 싸우저

6 예약하지 않았습니다.

Tôi chưa đặt trước.

또이 쯔어 닷 쯔억

Vietnam Culture

베트남의 **음식**

Món kho 몬 코
조림 반찬(돼지고기, 생선, 닭고기...)

Canh 까잉(깐)
국

Cơm 껌
밥

Món xào 몬 싸오
튀김 반찬, 볶음 반찬(계란, 야채...)

bánh mỳ (프랑스식) 빵
바잉 미

sầu riêng 두리안
쓰우 지엥

phở 쌀국수
퍼

rau thơm 야채(향초)
자우 텀

· 안주 đồ nhắm 도 남   · 술 rượu 즈어우   · 차 chè 쩨

메뉴를 주십시오.

A) Chị cho tôi cái thực đơn.

찌 쪼 또이 까이 특 던

* thực đơn 특 던 메뉴(menu)

여기 있습니다.

B) Đây ạ.

데이 아

> **Tip**
> - ~가 없는 건 뭔가요?   Món gì không có ~
>   몬 지 콩 꼬
> - ~에 알레르기가 있습니다.   Tôi bị dị ứng với ~
>   또이 비 지 응 버이

무엇을 드시겠습니까?

B) Anh chị dùng gì ạ?

아잉 찌 중 지 아

어떤 것이 맛있나요?

A) Món gì ngon?

먼 지 응언

메뉴		
• 사진 메뉴	thực đơn có hình 특 던 꼬 힝
• 영어 메뉴	thực đơn bằng tiếng Anh 특 던 방 띠엥 아잉
• 한국어 메뉴	thực đơn bằng tiếng Hàn 특 던 방 띠엥 한
• 술 리스트	thực đơn rượu 특 던 즈어우
• 음료 메뉴	thực đơn đồ uống 특 던 도 우웅

~을 주십시오.

Cho tôi ~. 쪼 또이~

베트남의 가정식 식사

주식으로는 밥과 국, 야채, 고기볶음, 생선구이 등을 주로 먹는다. 우리나라에서 인기 많은 베트남쌀국수나 월남쌈 등은 가끔 해 먹거나 외식 등으로 즐겨 먹는다.

유용한
표현

1 주문해도 되나요?

Cho tôi gọi món.
쪼   또이 고이 먼

2 이 레스토랑의 특별요리(추천요리)는 무엇입니까?

Món ăn đặc biệt của nhà hàng là món gì?
먼   안 닥 비엣 꿔 냐   항   라 먼 지

3 오늘의 요리는 무엇입니까?

Thực đơn hôm nay có món gì?
특   던 홈   내이 꼬 먼 지

4 좀 있다 주문할게요.

Một lát nữa tôi sẽ gọi món.
몯   랏 느아 또이 쌔 고이 먼

5 저도 옆 테이블과 같은 걸로 주세요.

Cho tôi món giống bàn bên cạnh.
쪼   또이 먼   종   반   벤   까잉

tip Cho tôi 쪼 또이 는 ~을 주세요라는 표현이다.

6 샐러드는 어떤 종류가 있습니까?

Salad có những loại gì?
쌀랃   꼬 니응   로아이 지

7 무엇을 드시겠습니까?

Anh chị dùng gì ạ?

아잉 찌 중 지 아

 tip dùng 중 드시다는 먹다의 정중한 표현이다.

8 고기는 어떻게 드시겠습니까?

Anh dùng thịt như thế nào ạ?

아잉 중 팃 니으 테 나오 아

9 완전히(웰던) 익혀주십시오.

Làm thịt chín kĩ cho tôi.

람 팃 찐 끼 쪼 또이

고기 구운 정도

- 웰던(완전히 익힌) chín kỹ 찐 끼
- 미디움(중간으로 익힌) chín vừa 찐 브아
- 레어(설 익힌) chín tái 찐 따이

---

10 마실만 한 술 좀 추천해주세요.

Chị giới thiệu cho tôi một loại rượu ngon.

찌 져이 티에우 쪼 또이 몯 로아이 즈어우 응언

11 이 지방의 맥주가 있습니까?

Có bia của vùng này không?

꼬 비아 꿔 붕 내이 콩

12 음식을 주십시오.

Cho tôi món này.

쪼 또이 먼 내이

333 맥주

13 양파는 빼고 주세요.

Chị bỏ hành tây đi giúp tôi.

찌 버 하잉 떼이 디 즙 또이

> **tip** ~은 빼고 주세요. 라는 표현은 Chị bỏ ~ đi giúp tôi. 찌 버 ~ 디 즙 또이 이다.

14 토마토와 치즈를 넣어주세요.

Chị cho cà chua và pho mát vào nhé.

찌 쪼 까 쭈아 바 포 맛 바오 내

* cà chua 까 쭈아 토마토

15 후추에 알레르기가 있습니다.

Tôi bị dị ứng hạt tiêu.

또이 비 지 응 핫 띠에우

* dị ứng 지 응 알레르기

16 이 지역의 향토요리는 무엇입니까?

Món ăn đặc trưng của vùng này là món gì?

먼 안 닥 쯩 꿔 붕 내이 라 먼 지

17 초콜렛무스 하나 주세요.

Cho tôi một bánh kem sô cô la.

쪼 또이 몯 바잉 깸 쏘 꼴 라

18 햄버거와 콜라 주세요.

Cho tôi hamburger và Cola(Coca).

쪼 또이 함버거 바 꼴라 꼬까

19 테이크아웃 할 겁니다.

Tôi muốn mang đi.

또이 무온 망 디

hamburger 햄버거

20 여기서 먹을 겁니다.

Tôi sẽ ăn ở đây.

또이 쌔 안 어 데이

21 각자 지불해요.

Chúng tôi thanh toán riêng.
쭝　　　또이 타잉　　딴　　　지엥

22 이번엔 제가 낼게요.

Lần này tôi sẽ trả tiền.
런　내이　또이 쌔 짜　띠엔

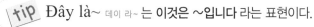

tip　Lần~ 런~ 은 ~회, ~번의 뜻을 나타내는 **조수사**이다.

23 팁입니다.

Đây là tiền tip.
데이　라 띠엔　띱

tip　Đây là~ 데이 라~ 는 이것은 ~입니다 라는 표현이다.

24 맛있게 드세요.

Xin mời.
씬　　머이

25 잘 드세요.

Chúc ngon miệng.
쭉　　응언　미엥

Xin mời. 맛있게 드세요.
씬　　머이

26 맛있게 잘 먹었습니다.

Tôi đã ăn rất ngon.
또이 다 안　젓　응언

* ngon 응언 맛있다

이것을 베트남 돈으로 바꿀 수 있나요?

A) Tôi có thể đổi tiền này ra tiền Việt được không?
또이 꼬 테 도이 띠엔 내이 자 띠엔 비엣 드억 콩

> **Tip**
> • ~ 할 수 있나요?   Tôi có thể ~ không?
> 또이 꼬 테   ~ 콩

네, 얼마를 바꿔 드릴까요?

B) Vâng, Anh muốn đổi bao nhiêu tiền?
벙   아잉 무온 도이 바오 니에우 띠엔

예금통장을 만들고 싶습니다.

A) Tôi muốn mở tài khoản.
또이 무온 머 따이 콴

> **Tip**
> • ~하고 싶습니다.   Tôi muốn ~.
> 또이 무온

네, 알겠습니다.

B) Dạ, vâng.
자 벙

화폐			
• 베트남 화폐	đồng 동	• 원(한국돈)	won 원
• 달러	đô la 돌 라	• 유로	euro 어로
• 위웬(중국돈)	nhân dân tệ 난 쟌 떼		

유용한 표현

1 모두 베트남 돈으로 바꾸고 싶습니다.

Tôi muốn đổi tất cả ra tiền Việt.

또이　무온　도이 떳 까 자 띠엔 비엣

2 환율은 어떻게 되나요?

Tỉ giá hối đoái như thế nào?

띠 쟈　호이 도아이 니으 테　나오

3 1달러에 베트남돈 얼마인가요?

Một đô la bằng bao nhiêu tiền Việt?

몯　돌 라 방　바오 니에우　띠엔 비엣

4 원화를 바로 베트남 돈으로 바꿀 수 있습니까?

Tôi có thể đổi trực tiếp tiền won sang tiền Việt không?

또이 꼬 테　도이 쯕　띠엡 띠엔 원　쌍　띠엔 비엣 콩

5 여행자 수표를 현금화할 수 있나요?

Tôi có thể đổi séc du lịch ra tiền mặt không?

또이 꼬 테　도이 쌕 주 릭　자 띠엔 맛 콩

6 십만동짜리 지폐로 주세요.

Cho tôi tờ một trăm nghìn.

쪼　또이 떠 몯 짬　응인

7 고액권은 싫어요..

Tôi không thích tiền mệnh giá cao.

또이 콩　틱　띠엔 메잉 쟈 까오

8 쓰기 쉬운 돈으로 바꿔 주세요. .

Chị đổi giúp tôi tiền tiêu dễ.
찌　도이　줍　또이 띠엔　띠에우 제

> **tip** đổi giúp tôi~ 도이 줍 또이~ ~ 으로 바꿔주세요.라는 표현이다.

9 동전으로 바꿔 주세요

Chị đổi cho tôi tiền xu.
찌　도이　쪼　또이 띠엔　쑤

10 ATM기는 어디에 있습니까?

Máy rút tiền(ATM) ở đâu?
매이 **남**룻 띠엔　　　어 도우
　　　북쭛

* rút tiền=ATM ATM
　쭛　띠엔　아떼머

11 카드로 현금(유로화)을 찾고 싶은데요, 좀 도와주세요.　　　　　　　* thẻ 태 카드

Tôi muốn rút tiền mặt(tiền Euro) bằng thẻ, chị giúp tôi với.
또이 무온　쭛 띠엔 맡 (띠엔 어로)　 방　 태,　찌 줍　또이 버이

ATM			
• 잔액조회	Xem số dư 쌤 쓰 즈	• 현금입금	Nạp tiền 납 띠엔
• 현금인출	Rút tiền 쭙 띠엔	• 비밀번호	Mật mã 멑 마
• 신용카드	Thẻ tín dụng 태 띤 중	• 계좌이체	Chuyển khoản 쭈웬 콴

12 여행자수표를 발행해 주세요.

Làm ơn cấp cho tôi séc du lịch.
람　 언 껍　쪼　또이 쌕　주 릭

* ngân hàng 응언 항 은행

13 은행은 몇 시까지 영업하나요?

Ngân hàng làm việc đến mấy giờ?
응언　 항　 람　비엑 덴　메이　저

이 엽서를 한국으로 보내고 싶습니다.

A) Tôi muốn gửi bưu thiếp này sang Hàn Quốc.

또이 무온 귀 브우 티엡 나이 상 한 꾸옥

우체국에서 **국제우편**으로 보내야 합니다.

B) Anh phải gửi thư quốc tế ở bưu điện.

아잉 파이 귀 트 꾸옥 떼 어 브우 디엔

이 근처에 우체국이 있습니까?

A) Gần đây có bưu điện không?   * có ~ không? 꼬~콩 ~이 있습니까?

건 데이 꼬 브우 디엔 콩

우체국은 **시내**에 있어요.

B) Bưu điện ở trung tâm thành phố.

브우 디엔 어 쭝 떰 타잉 포

우체국			
• 우체국	bưu điện 브우 디엔	• 소포	gói đồ 고이 도
• 편지	thư 트	• 짐	hành lý 하잉 리
• 엽서	bưu thiếp 브우 티엡		

① bưu thiếp 브우 티엡
엽서

② con tem 껀 뗌
우표

③ hộp thư công cộng 홉 트 꽁 꽁
우체통

~로 보내고 싶습니다

Tôi muốn gửi + 물건 + sang + 목적지
또이 무온 귀 상

중앙우체국

대표적인 건축물인 중앙우체국은 역사와 건축디자인 등에서
빼어나게 운치 있고 아름다운 곳이다.
우편업무뿐만 아니라 국제전화·팩스·전보·텔렉스가 가능
하고 공중전화 카드도 구입할 수 있다.

1 우체통이 어디 있습니까?

Hòm thư ở đâu?

험 트 어 도우

2 우체국은 몇 시에 엽니까?/닫습니까?

Bưu điện mở cửa/đóng cửa lúc mấy giờ?

브우 디엔 머 끄아 동 끄아 룩 메이 저

3 우표를 주세요.

Chị cho tôi con tem.

찌 쪼 또이 껀 땜

4 기념우표가 있습니까?

Có tem lưu niệm không?

꼬 땜 르우 니엠 콩

5 특급우편으로 부탁합니다.

Chị cho tôi gửi dưới dạng thư đặc biệt.

찌 쪼 또이 그이 즈어이 장 트 닥 비엣

6 가장 빠른 우편으로 보내 주세요.

Chị gửi cho tôi dưới dạng thư nhanh nhất.

찌 그이 쪼 또이 즈어이 장 트 냐잉 녓

7 어떤 종류로 보내야 하나요?

Tôi phải gửi dưới dạng nào?

또이 파이 그이 즈어이 장 나오

> tip 등기우편은 thư bảo đảm 트 바오 담, 항공우편은 bưu phẩm hàng không
> 브우 펌 항 콩 이라고 한다.

8 우편물 보험에 들고 싶습니다.

Tôi muốn đóng bảo hiểm cho bưu phẩm.

또이 무온 동 바오 히엠 쪼 브우 펌

9 중요한 서류입니다.

Đây là tài liệu quan trọng.

데이 라 따이 리에우 꽌 쫑

10 서울에는 언제 도착합니까?

Bao giờ đến Seoul?

바오 저 덴 쎄울

11 며칠 걸립니까?

Mất mấy ngày ạ?

멑 메이 응애이 아

12 얼마 입니까?

Khoảng bao nhiêu tiền ạ?

쾅 바오 니에우 띠엔 아

13 이 소포를 보내는데 얼마나 나옵니까?

Gửi gói đồ này mất bao nhiêu tiền?

그이 거이 도 나이 멑 바오 니에우 띠엔

14 이것을 포장할 박스를 주십시오.

Chị cho tôi thùng để đựng cái này.

찌 쪼 또이 퉁 데 등 까이 내이

15 우체국에서 은행업무를 볼 수 있습니까?

Ở bưu điện có dịch vụ ngân hàng không?

어 브우 디엔 꼬 직 부 응언 항 콩

Track 74

어서 오세요.

A) Chị cần gì ạ?
찌 껀 지 아

머리카락을 잘라 주세요.

B) Anh cắt tóc cho tôi.
아잉 깟 똑 쪼 또이

Tip 베트남어는 우리말과 달리 **~하다**라는 동사의 형식이 아니라 상황에 따라 동사가 달라진다.

어떻게 해 드릴까요?

A) Chị muốn làm thế nào? (베트남 회화식)
찌 무온 람 테 나오

가르마 없이 파마를 하고 싶어요.

B) Tôi muốn uốn tóc, mà không để ngôi.
또이 무온 우온 똑 마 콩 데 응오이

미용실

- 염색 nhuộm tóc 뇨옴 똑
- 파마 uốn tóc 우온 똑 / làm xoăn 람 쏸

① cửa hàng massage 끄아 항 맛싸

마사지 샵

말할 때 **massage**를 mát xa 맛 싸라고 한다

menu

② mát xa toàn thân 맛 싸 똰 턴

전신 마사지

③ mát xa lưng 맛 싸 릉

등 마사지

④ mát xa bụng 맛 싸 붕

복부 마사지

⑤ tẩy da chết 떼이 자 쩻

각질제거

⑥ đắp mặt nạ 답 맛 나

얼굴 팩

⑦ mát xa chân 맛 싸 쩐

발 마사지

⑧ sửa móng tay 쓰아 몽 따이

손톱 다듬기

모자라네...

~해 주세요.

동사 + cho (giúp) tôi.

쪼 (쥽) 또이

미용실과 마사지샵

미용실에서는 머리를 하고, 마사지 샵에서는 다양한 피부관리와 전신 마사지를 한다.

유용한 표현

1 이 사람처럼 해 주세요. 사진을 보면서

Chị làm cho tôi giống người này.
찌 람 쪼 또이 죵 응으이 나이

2 커트와 탈색을 하고 싶은데요.

Tôi muốn cắt tóc và tẩy màu tóc.
또이 무온 깟 똑 바 떠이 마우 똑

* và 바 ~과

> tip muốn 무온 은 ~을 하고싶다는 희망, 소망을 나타내는 표현이다.

3 너무 짧게 자르지 마세요.

Chị đừng cắt ngắn quá nhé.
찌 등 깟 응안 꽈 내

4 전 염색을 원하는데요.

Tôi muốn nhuộm tóc.
또이 무온 뇨옴 똑

5 염색해 주세요.

Nhuộm cho tôi màu này.
뇨움 쪼 또이 머우 나이

6 염색 샘플 있나요?

Có mẫu thuốc nhuộm không?
꼬 마우 투옥 뇨옴 콩

7 시간이 얼마나 걸립니까?

Mất bao lâu?
멑 바오 로우

미용실

> tip 시간은 베트남어로는 thời gian 터이 잔 인데,
> Mất bao lâu? 멑 바오 로우 는 시간이 얼마나 걸립니까? 의 뜻이다.

8 드라이를 해 주세요.

Chị là tóc cho tôi.

찌 라 똑 쪼 또이

※ ~를 해 주세요!

2인칭대명사 ➕ 동사 ➕ cho tôi.

쪼 또이

9 마사지도 해 주세요.

Chị mát xa nữa nhé.

찌 맛 싸 느아 내

10 제 피부는(저는) 건성/지성/복합성입니다.

Da tôi là khô/dầu/hỗn hợp.

자 또이라 코 조우 혼 헙

11 강하게/부드럽게 마사지 해 주세요.

Chị mát xa mạnh/nhẹ cho tôi.

찌 맛 싸 마잉 내 쪼 또이.

12 매니큐어를 해 주세요.

Chị làm móng cho tôi.

찌 람 몽 쪼 또이

13 눈썹을 다듬어 주세요.

Chị chỉnh lại lông mày cho tôi.

찌 찡 라이 롱 마이 쪼 또이

14 샴푸를 해 주세요. 머리를 감아주세요.

Chị gội đầu cho tôi.

찌 고이 도우 쪼 또이

15 면도해 주세요.

Anh cạo râu cho tôi.

아잉 까오 조우 쪼 또이

16 거울을 주세요.

Chị đưa tôi cái gương.

찌 드아 또이 까이 그엉

시내투어가 있습니까?

A) Có tour du lịch nội thành không?

꼬 뚜 주 릭 노이 타잉 콩

네, 있습니다.

B) Vâng, có.

벙, 꼬

예약해야 합니까?

A) Tôi có phải đặt trước không?

또이 꼬 파이 닷 쯔억 콩

> **Tip**
> • ～ 해야 하다   주어 + phải + 동사
>   파이
> • ～ 해야 합니까?   주어 + có phải + 동사 + không?
>   꼬 파이   콩

출발 전까지 표를 구입하면 됩니다..

B) Chỉ cần mua vé trước khi xuất phát.

찌 껀 무아 배 쯔억 키 쑤엇 팥

관광 상품

• 시내투어   tour nội thành 뚜어 노이 타잉

• 시외투어   tour ngoại thành 뚜어 응와이 타잉

• 하루 코스 (관광투어)   tour một ngày 뚜어 몯 응아이

• 야간 코스   tour ban đêm 뚜어 반 뎀

Track 78

① tour du lịch 뚜어 주 릭
투어

② vé vào cửa 베 바오 꾸아
입장권

③ giá vào cửa 자 바오 꾸아
입장료

④ sách hướng dẫn 싸익 흐엉 전
팜플렛

⑤ người hướng dẫn 응으 흐엉 전
가이드(관광안내원)

베트남 관광

남북으로 길게 뻗은 베트남은 북부·중부·남부에 따라 아름
다운 경치를 가진 명소가 많다.
예약시에는 교통수단이나 시설, 일정, 가격 등에 대해 자세
히 알아보도록 한다.
개인여행의 경우, 현지의 여행사나 호텔안내소 등에서 바로
관광예약을 할 수 있다.

1 투어코스는 몇가지 인가요?

Có mấy loại tour?

꼬 메이 로아이 뚜어

2 쏭 홍 코스를 원합니다.

Tôi muốn đi tour Sông Hồng.

또이 무온 디 뛰 쏭 홍

> tip Sông hồng 쏭 홍 홍강은 베트남의 수도인 하노이를 중심으로 흐르는 아름다운 강이다.

3 시내(번화가) 를 구경하고 싶습니다.

Tôi muốn tham quan thành phố.

또이 무온 탐 꽌 타잉 포

4 이 근처에 관광안내소가 있습니까?

Gần đây có điểm hướng dẫn du lịch không?

건 데이 꼬 디엠 흐엉 전 주 릭 콩

5 가 볼만한 곳을 추천해 주십시오.

Anh giới thiệu cho tôi những chỗ đáng đi với.

아잉 져이 티에우 쪼 또이 니응 쪼 당 디 버이

6 한국어(영어)로 된 안내서가 있습니까?

Có tờ hướng dẫn bằng tiếng Hàn (Anh) không?

꼬 떠 흐엉 전 방 띠엥 한 아잉 콩

7 하노이의 지도가 필요합니다.

Tôi cần bản đồ Hà Nội.

또이 껀 반 도 하 노이

* bản đồ 반도 지도

8 무료 지도가 있나요?

Có bản đồ miễn phí không?

꼬 반 도 미엔 피 콩

9 무료 안내서가 있나요?

Có tờ hướng dẫn miễn phí không?

꼬 떠 흐엉 전 미엔 피 콩

10 무료 시내지도를 주십시오.

Cho tôi bản đồ nội thành miễn phí.

쪼 또이반 도 노이 타잉 미엔 피

11 이 곳은 어떻게 갑니까?

Đi đến chỗ này như thế nào?

디 덴 쪼 내이 니으 테 나오

12 국립 하노이 대학교을 보고 싶습니다.

Tôi muốn tham quan Đại Học Quốc Gia Hà Nội.

또이 무온 탐 꽌 다이 혹 꾸옥 쟈 하 노이

13 호안 끼엠 호수에 가려면 어떻게 해야합니까?

Tôi phải đi thế nào để đến hồ Hoàn Kiếm?

또이 파이 디 테 나오 데 덴 호 환 끼엠

> tip **hồ Hoàn Kiếm** 호 호안 끼엠 **호안 끼엠 호수**는 하노이에 있는 아름다운 호수로
> 하노이 시민들의 휴식처가 되어주는 곳이다.

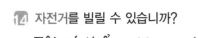

14 자전거를 빌릴 수 있습니까?

Tôi có thể mượn xe đạp không?

또이 꼬 테 므언 쌔 답 콩

호안 끼엠 호수

베트남의 유명한 관광지를 보고 싶습니다.

A) Tôi muốn thăm điểm du lịch nổi tiếng của Việt Nam.
또이 무온 탐 디엠 주 릭 노이 띠엥 꿔 비엣 남

하롱베이가 가장 유명합니다.

B) Vịnh Hạ Long nổi tiếng nhất.
빙 하 롱 노이 띠엥 녓

이 도시에서 가장 유명한 것은 뭔가요?

A) Ở thành phố này cái gì nổi tiếng nhất?
어 타잉 포 나이 까이 지 노이 띠엥 녓

하노이는 호안 끼엠 호수로 유명합니다.

B) Hà Nội nổi tiếng về Hồ Hoàn Kiếm.
하 노이 노이 띠엥 베 호 호안 끼엠

관광지			
• 문묘	Văn Miếu 반 미에우	• 통일궁	dinh Thống Nhất 징 통 녓
• 호치민 주석 묘	lăng Hồ chủ tịch 랑 호 쭈 띡	• 구찌터널	địa đạo Củ Chi 디어 다오 꾸 찌

① Hà Nội 하노이
하노이

② Huế 훼
후에

③ Thành phố Hồ Chí Minh 타잉 포 호 찌 밍
호치민

④ Đà Lạt 다 랏
다랏

~는 ~~으로 유명합니다.

~ nổi tiếng về ~~ 노이 띠엥 베 ~~

1 한국어 가이드가 있습니까?

Có hướng dẫn viên nói tiếng Hàn không?

꼬　흐엉　전　비엔　노이 띠엥　한　콩

2 이 건물은 언제 건축되었습니까?

Tòa nhà này được xây khi nào?

똬　냐　내이　드억　쎄이　키　나오

3 이 도시에서 가장 오래된 건물은 어디 있습니까?

Tòa nhà lâu đời nhất ở thành phố này ở đâu?

똬　냐　로우 더이 낫　어 타잉　포　내이 어 도우

4 이 도시의 유명한 박물관은 어디입니까?

Bảo tàng nổi tiếng của thành phố này ở đâu?

바오 땅　노이 띠엥　꿔　타잉　포　내이 어 도우

5 전시회에 가 보고 싶습니다. 추천해 주시겠어요?

Tôi muốn đi xem triển lãm. Anh có thể giới thiệu cho tôi được không?

또이 무온　디 쌤　찌엔　람　아잉 꼬 테 져이 티에우 쪼 또이 드억　콩

6 미술관에 가고 싶습니다. 어디로 가야합니까?

Tôi muốn đi bảo tàng mỹ thuật. Tôi phải đi đâu?

또이 무온　디 바오 땅　미 투엇　또이 파이 디 도우

7 뮤지컬이 보고 싶습니다.

Tôi muốn xem nhạc kịch.

또이 무온　쌤　냑　끽

8 베트남 영화를 보고 싶습니다.

Tôi muốn xem phim Việt Nam.

또이 무온　쌤　핌　비엣 남

9 이 공연을 보려면 어떻게 해야하나요?

Nếu muốn xem buổi biểu diễn này thì phải làm thế nào?
네우 무온 쌤 부오이 비에우 지엔 내이 티 파이 람 테 나오

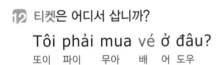

공연

• 수상인형극 múa rối nước 므아 조이 느윽   • 서커스 xiếc 씨엑

10 이 곳에서 유명한 공연은 무엇이 있습니까?

Buổi biểu diễn nổi tiếng ở đây là gì?
부오이 비에우 지엔 노이 띠엥 어 데이 라 지

극장

11 극장이 어디 있습니까?

Nhà hát ở đâu?
냐 핫 어 도우

12 티켓은 어디서 삽니까?

Tôi phải mua vé ở đâu?
또이 파이 무아 배 어 도우

13 팜플렛은 어디에 있습니까?

Tờ rơi ở đâu?
떠 저이 어 도우

14 매진입니까?

Hết vé rồi ạ?
헷 배 조이 아

15 사진을 찍어도 됩니까?

Tôi chụp ảnh có được không?
또이 쭙 아잉 꼬 드억 콩

16 사진 좀 찍어 주세요.

Chị làm ơn chụp ảnh giúp tôi.
찌 람 언 쭙 아잉 쥽 또이

Bài ⑦ 여흥 · 엔터테인먼트 스포츠

좋아하는 **스포츠**가 무엇인가요?

A) Môn thể thao yêu thích của anh là gì?
　　몬　테　타오　이에우　틱　꿔　아잉　라　지

농구를 **좋아해요.**

B) Tôi thích bóng rổ.
　또이　틱　봉　조

어떤 **경기**를 보러 갈까요?

A) Mình đi xem thi đấu gì đây?
　　밍　디　쌤　티　도우　지　데이

＊ xem 쌤 보다

> **Tip**
> ● ～하러 갈래요?　　Mình đi + 동사 ?
> 　　　　　　　　　　밍　디

저는 **축구경기**가 보고 싶습니다.

B) Tôi muốn xem thi đấu bóng đá.
　또이　무온　쌤　티　도우　봉　다

스포츠

● 축구	bóng đá 봉 다	● 배드민턴	chơi câu lông 쩌이 꼬우 롱
● 골프	đánh golf 다잉 고온	● 롤러 스케이트	trượt patánh 쯔엇 파따잉
● 야구	chơi bóng chày 쩌이 봉 째이	● 인라인 스케이트	trượt inline skate 쯔엇 인라인 스케잇
● 테니스	tennis 테닛	● 윈드서핑	lướt sóng 르엇 쏭
● 볼링	chơi bowling 쩌이 볼링		

156

① đi bộ thể dục 디 보 테 죽
조깅

② đi dạo 디 자오
산책

③ đánh bi-a 다잉 비 아
당구

④ nhảy 내이
댄스

헉!!!

아싸~

나는 매일 운동한다.

Hàng ngày tôi tập thể dục. 항 응애이 또이 떱 테 죽

* tập thể dục 떱 테 죽 운동하다

157

1 표가 남아있을까요?

Còn vé không ạ?
꼰 　배 　콩 　　아

2 축구경기에 관한 정보를 얻고 싶습니다.

Tôi muốn tìm thông tin về thi đấu bóng đá.
또이 무온 　띰 　통 　띤 베 티 도우 봉 　다

3 경기는 몇 시에 시작합니까?

Trận đấu bắt đầu lúc mấy giờ?
쩐 　도우 밧 도우 룩 메이 저

4 학생 할인이 됩니까?

Học sinh có được giảm giá không?
혹 　씽 　꼬 드억 쟘 　쟈 　콩

5 매일 하는 운동이 있나요?

Hàng ngày chị có tập môn thể thao nào không?
항 　응애이 찌 꼬 떱 몬 테 타오 나오 콩

6 이 근처에 체육관이 있습니까?

Gần đây có nhà thi đấu thể thao không?
건 데이 꼬 냐 티 도우 테 타오 콩

바딩 광장

7 함께 수영하러 가실래요?

Anh đi bơi với tôi không?

아잉 디 버이 버이 또이 콩

8 직접하는 것보다 보는 것을 더 좋아해요.

Tôi thích xem hơn là trực tiếp chơi.

또이 틱 쌤 헌 라 쯕 띠엡 쩌이

9 운동장비를 빌릴 수 있나요?

Tôi có thể mượn (dụng cụ thể thao) được không?

또이 꼬 테 므언 중 꾸 테 타오 드억 콩

10 저는 ~팀의 팬입니다.

Tôi là fan của đội ~.

또이 라 판 꿔 도이

11 ~선수를 아시나요?

Anh có biết tuyển thủ ~ không?

아잉 꼬 비엣 뚜웬 투 콩

12 주말에 저와 경기장에 가시겠어요?

Cuối tuần anh đến sân vận động với tôi không?

꾸오이 뚜언 아잉 덴 썬 번 동 버이 또이 콩

13 어느 팀과의 경기 인가요?

Trận đấu của đội nào thế?

쩐 도우 꿔 도이 나오 테

당신의 **취미**는 무엇인가요?

A) Sở thích của anh là gì?
써   틱   꿔 아잉 라 지

* Anh có thích ~ không? ~을 좋아하세요?
아잉 꼬 틱   ~ 콩

저는 **여행**을 좋아합니다.

B) Tôi thích du lịch.
또이 틱   주 릭

당신은 어떤 음악을 좋아하세요?

A) Anh thích loại nhạc nào?
아잉   틱   로아이 낙   나오

* Tôi thích ~ ~을 좋아해요.
또이 틱

저는 **대중음악**을 가장 좋아해요.

B) Tôi thích nhất nhạc pop.
또이 틱   넛   낙   폽

취미

• 드라이브	lái xe 라이 쌔		• TV보기	xem TV 쌤 띠 비
• 운동	thể thao 테 타오		• 잠자기	ngủ 응우
• 영화보기	xem phim 쌤 핌		• 스포츠관람	xem thể thao 쌤 테 타오
• 음악듣기	nghe nhạc 응애 낙		• 뮤지컬관람	xem nhạc kịch 쌤 낙 끽
• 춤추기	nhảy 내이			

저의 취미는 ~ 입니다.

Sở thích của tôi là ~. 써 틱 꿔 또이 라 ~

Sở thích của tôi là game Internet.
써 틱 꿔 또이 라 겜 인터넷
저의 취미는 인터넷게임입니다.

1 저는 낚시를 즐겨 합니다.

Tôi thích câu cá.

또이 틱   꺼우 까

취미

- 뮤지컬을 보다   **xem nhạc kịch** 쌤 낙 끽
- 연극을 보다   **xem kịch** 쌤 끽
- 친구와 수다를 떨다   **tán dóc với bạn bè** 딴 족 버이 반 배

2 베트남에서 유명한 소설은 뭔가요?

Ở Việt Nam tiểu thuyết nổi tiếng là gì?

어 비엣 남   띠에우 투이엣   노이 띠엥   라 지

3 베트남에서 요즘 유명한 영화는 어떤 건가요?

Dạo này ở Việt Nam bộ phim nào nổi tiếng?

자오 나이 어 비엣 남   보 핌   나오 노이 띠엥

영화

- 코믹   **phim hài** 핌 하이
- 호러   **phim kinh dị** 핌 낑 지
- 로맨스   **phim tình cảm** 핌 띵 깜
- S.F   **phim khoa học viễn tưởng** 핌 콰 혹 비엔 뜨엉
- 액션   **phim hành động** 핌 하잉 동

4 당신은 어떤 종류의 연극을 좋아 하나요?

Anh thích loại kịch nào thế?

아잉 틱   로아이 끽   나오 테

5 당신이 요즘 즐겨 보는 드라마는 뭔가요?

Dạo này anh thích xem phim truyền hình nào?

자오 나이 아잉 틱 쌤 핌 쭈웬 힝 나오

6 어떤 종류의 드라마를 좋아하나요?

Anh thích loại phim truyền hình nào?

아잉 틱 로아이 핌 쭈웬 힝 나오

7 베트남 드라마를 추천해 주세요.

Hãy giới thiệu cho tôi, một bộ phim truyền hình Việt Nam.

하이 져 티에우 쪼 또이 몯 보 핌 쭈웬 힝 비엣 남

8 한국 드라마 대장금은 꼭 보세요.

Anh nhất định phải xem bộ phim truyền hình Hàn Quốc Dae Jang Geum.

아잉 녓 딩 파이 쌤 보 핌 쭈웬 힝 한 꾸옥 대 장 금

9 한류영향으로, 한국가수가 인기가 좋습니다.

Do ảnh hưởng của làn sóng Hàn Quốc, ca sĩ Hàn Quốc rất được mến mộ.

저 아잉 흐엉 꿔 란 쏭 한 꾸옥, 까 씨 한 꾸옥 졀 드억 멘 모

10 뮤지컬 중에 어떤 것을 보았나요?

Trong các vở nhạc kịch, anh đã xem vở nào rồi?

쫑 깍 버 냑 끽 아잉 다 쌤 버 나오 조이

11 클래식 음악을 좋아 하나요?

Anh có thích nhạc cổ điển không?

아잉 꼬 틱 냑 꼬 디엔 콩

음악

- 한국가요　nhạc trẻ Hàn Quốc 냑 째 한 꾸옥
- 라틴음악　nhạc Latinh 냑 라띵

- 베트남가요　nhạc trẻ Việt Nam 냑 째 비엣 남
  락, 헤비메탈, 뉴에이지, 컨트리, 샹송 등은
  영어와 동일한 발음으로 말한다.

---

12 싫어하는 것은 어떤 건가요? (어떤 것을 싫어하나요?)

Anh không thích cái gì?

아잉 콩 틱 까이 지

13 당신은 어떤 음악을 싫어하나요?

Anh không thích loại nhạc nào?

아잉 콩 틱 로아이 냑 나오

술 한 잔 합시다.

A) Mình đi làm mấy chén đi.
밍　　디 람　메이 짼 디

＊ Mình đi làm ~ đi.　~합시다.
밍　　디 람　　 디

좋아요. 시원한 맥주 어때요?

B) Được thôi. Bia thì thế nào?
드억　토이　비아 티 테 나오

＊ ~thì thế nào?　~어때요?
티 테 나오

 시원한은 원래 mát 맛인데 베트남 사람은 이런 경우에 **맥주**만 말한다.

이 근처에 멋있는 클럽이 있나요?

A) Gần đây có club nào không?
건　데이 꼬 클럽 나오 콩

클럽은 없고, 분위기 좋은 나이트클럽은 있어요.

B) Không có club, nhưng có câu lạc bộ đêm không khí hay hay.
콩　　꼬 클럽　니응　꼬 꼬우 락 보 뎀　콩　키 해이 해이

Tip 베트남에서는 클럽과 나이트클럽을 따로 구분하지 않고, 나이트 클럽인 **câu lạc bộ đêm** 꼬우 락 보 뎀 라는 개념만 있다. 클럽이라는 단어가 영어의 뜻대로 베트남어로 번역하면 **câu lạc bộ** 꼬우 락 보인데 이 단어 는 **동아리**를 의미한다.

맥주			
맥주	bia 비아	생맥주	bia tươi 비아 뜨어이
병맥주	bia chai 비아 짜이	캔맥주	bia hộp 비아 홉
333맥주	bia 333 비아 바 바 바	사이공맥주	bia Sài Gòn 비아 사이 곤

① so ju 소주
소주

② rượu whisky 즈어우 윗끼
위스키

③ rượu vang 즈어우 방
와인

④ rượu rắn 즈어우 잔
뱀술

⑤ bia 비아
맥주

⑥ rượu 즈어우
술

⑦ zô! 쪼
건배!

맥주 마실까? 내가 낼게.

Uống bia không? Tôi mời. 우옹 비어 콩? 또이 머이

유흥문화

디스코텍과 같은 유흥업소의 영업시간은 12시까지만 허용
된다. 카지노는 외국인만 출입이 가능하다.

〈많이 쓰이는 다른 건배〉 건강을 위하여!가 있다.

1 분위기 좋은 술집이 있나요?

Có quán rượu nào không khí hay hay không?
꼬 꽌 즈어우 나오 콩 키 해이 해이 콩

2 포장마차와 같은 곳이 있나요?

Có chỗ nào kiểu quán vỉa hè không?
꼬 쪼 나오 기에우 꽌 비아 해 콩

술집

유흥업소

• 카지노	ca si nô 까 씨 노	• 노래방(가라오케)	karaoke 까 라 오 께
• 나이트 클럽	câu lạc bộ đêm 꼬우 락 보 뎀		

3 맥주 한 잔 마시고 싶은데요, 어떻게 해야 하나요?

Tôi muốn làm một cốc bia, phải làm thế nào đây?
또이 무온 람 못 꼭 비아, 파이 람 테 나오 데이

4 맥주 주세요.

Cho tôi bia.
쪼 또이 비아

5 양주 한 병 주세요

Cho tôi một chai rượu mạnh.
쪼 또이 몯 짜이 즈어우 마잉

술

• 레드와인	rượu đỏ 즈어우 더	• 양주	rượu mạnh 즈어우 마잉
• 화이트와인	rượu trắng 즈어우 짱	• 소주	sô ju 쏘 주
• 샴페인	sâm panh 썸 빠잉	• 보드카	vodka [vốt ca] 봇 까
• 무알콜샴페인	sâm panh không cồn 썸 빠잉 콩 꼰	• 꼬냑	cô nhắc 꼬 냑

166

6 맥주 한 잔(병) 더 주세요.

Cho tôi một cốc(chai) bia nữa.

쪼 또이 몰 꼭 짜이 비아 느어

맥주

7 여기, 술 한 병 더요.

Một chai rượu nữa đây ạ.

몰 짜이 즈어우 느어 데이 아

8 베트남 전통주 있나요?

Có rượu truyền thống của Việt Nam không?

꼬 즈어우 쭈웬 통 꿔 비엣 남 콩

베트남 전통주 -뱀술

9 이 술 독하네요.

Rượu này mạnh ghê.

즈어우 나이 마잉 게

10 안주는 간단한 것으로 주세요.

Anh cho tôi đồ nhắm.

아잉 쪼 또이 도 냠

 tip 안주는 đồ nhậu 도 녀우 라고도 한다.

11 마른안주 있나요?

Có đồ nhắm khô không?

꼬 도 냠 코 콩

12 과일안주 주세요.

Cho tôi đồ nhắm hoa quả.

쪼 또이 도 냠 화 꽈

* hoa quả 화 꽈 과일

13 과일샐러드 주세요.

Anh cho tôi salad hoa quả.

아잉 쪼 또이 쌀랏 화 꽈

14 안주 많이 주세요.

Cho tôi nhiều đồ nhắm.
쪼　또이　니에우　도　냠

15 안주 아주 맛있네요.

Đồ nhắm ngon quá.
도　냠　응온　꽈

16 안주 하나 더 주세요.

Cho tôi thêm một đồ nhắm nữa.
쪼　또이　템　몯　도　냠　느어

안 주			
• 안주	đồ nhậu 도 녀우	• 맥주로 찐 생선	cá hấp bia 까 헙 비아
• 치킨	thịt gà rán 팃 가 잔	• 베트남식 오리구이	vịt quay 빗 꿔아이
• 땅콩	lạc 락		

17 안주는 필요 없습니다.

Tôi không cần đồ nhắm.
또이　콩　껀　도　냠

18 술 한 잔 더 하세요.

Anh uống thêm một chén rượu nữa đi.
아잉　우옹　템　몯　짼　즈어우　느어　디.

19 딱 한 잔 더 하죠.

Chỉ một chén nữa thôi nhé.
찌　몯　짼　느어　토이　내

20 취했어요.

Tôi say rồi.
또이　싸이　조이

21 그만 마시죠.

Anh uống thế thôi.
아잉　우옹　테　토이

22 내일 고생할 겁니다.

Mai sẽ mệt lắm đấy.
마이 쌔 멭 람 데이

23 집에 혼자 갈 수 있나요?

Anh có đi về nhà một mình được không?
아잉 꼬 디 베 냐 몯 밍 드억 콩

24 화장실에 혼자 갈 수 있나요?

Anh có đi nhà vệ sinh một mình được không?
아잉 꼬 디 냐 베 씽 몯 밍 드억 콩

25 집에 데려다 줄게요.

Tôi sẽ đưa anh về nhà.
또이 쌔 드어 아잉 베 냐

술집

하노이 맥주

디스코텍이 있나요?

A) Có sàn nhảy không?
   꼬 싼 내이 콩

네, **멋진** 곳이 있어요.

B) Có, có một chỗ rất hay.
   꼬, 꼬 몯 쪼 젇 하이

* tuyệt 뚜웯 끝내주는
베트남에서 멋진 클럽을 지칭하는 말

오늘밤에 **쇼**가 있습니까?

A) Tối nay có show diễn không?
   또이 내이 꼬 쑈우 지엔 콩

예, 있습니다.

B) Vâng, có.
   벙, 꼬

술집			
• 카지노	casino 까 씨 노	• 호프집	quán bia hơi 꽌 비어 허이
• 바	quán bar 꽌 바	• 찻집	quán trà 꽌 짜
• 술집	quán rượu 꽌 즈어우	• 커피숍	quán cà phê 꽌 까 페
• 민속술집	quán rượu dân tộc 꽌 즈어우 전 똑		

베트남의 클럽문화

밤이면 젊은이들이 모여 뜨거운 열기를 발산하는 디스코텍은 주말 밤이면 특히 입추의 여지가 없이 붐빈다.

1 춤추면서 술마실 수 있는 곳이 있습니까?

Có chỗ nào có thể vừa nhảy vừa uống rượu không?

꼬 쪼 나오 꼬 테 브아 내이 브아 우옹 즈어우 콩

2 저희와 함께 춤추면서 노시겠어요? = 저희와 합석하시겠어요? 부킹을 의미함

Anh ngồi cùng chúng tôi không?

아잉 응오이 꿍 쭝 또이 콩

3 우리 함께 데이트해요.

Chúng ta cùng hẹn họ đi.

쭝 따 꿍 핸 허 디

4 저희는 2명입니다. 그쪽은 몇 명이시나요?

Chúng tôi có hai người. Bên đó có mấy người?

쭝 또이 꼬 하이 응으이. 벤 더 꼬 메이 응으이

5 당신에게 한눈에 반했습니다.

Tôi thích anh từ cái nhìn đầu tiên.

또이 틱 아잉 뜨 까이 닌 도우 띠엔

6 디스코텍은 예약해야 하나요?

Sàn nhảy có phải đặt chỗ trước không?

싼 내이 꼬 파이 닷 쪼 쯔억 콩

7 여기는 어떤 종류의 음악이 나옵니까?

Ở đây chơi loại nhạc gì?

어 데이 쩌이 로아이 냑 지

8 춤을 잘 추시네요.

Anh nhảy giỏi quá.

아잉   내이   죠이   꽈

9 너무 아름다우시네요.

Chị đẹp quá.

찌   댑   꽈

10 분위기 좋습니다.

Không khí quá tuyệt.

콩   키   꽈   뚜웻

* quá đỉnh 꽈 딩 (분위기)짱!

11 이 호텔에 외국인 전용 카지노가 있나요?

Ở khách sạn này có Casino cho người nước ngoài không?

어 카익   싼   내이 꼬 까시노 쪼 응으이   느억   응오아이 콩

12 카지노에 들어갈 수 있나요?

Tôi có thể vào casino không?

또이 꼬 테 바오 까시노   콩

13 카지노에서 잭팟을 할 수 있나요?

Tôi có thể chơi Jack pot ở Casino không?

또이 꼬 테 쩌이 잭   펏   어 까시노   콩

14 카지노 영업시간은 언제입니까?

Thời gian làm việc của Casino như thế nào?

터이 잔   람 비엑 꿔   까시노   니으 테   나오

도와주세요!

A) Giúp tôi với!
쫍   또이 버이

무슨 일이세요?

B) Có chuyện gì thế ạ?
꼬   쭈웬   지 테 아

왜 그러세요?

B) Chị sao thế?
찌   사오   테

신용카드를 분실했어요.

A) Tôi bị mất thẻ tín dụng.
또이 비 맛   테 띤 중

소지품

• 항공권	vé máy bay 배 마이 바이	• 지갑	ví 비
• 현금	tiền mặt 띠엔 맛	• 표(티켓)	vé 배
• 신용카드	thẻ tín dụng 테 띤 중	• 비행기표	vé máy bay 배 매이 배이
• 짐	hành lý 하잉 리	핸드폰(아이폰)	điện thoại di động (Iphone)
• 여권	hộ chiếu 호 찌에우		디엔 타이 지 동

① 주차장
giữ xe 즈 쌔

② tiền mặt 띠엔 맛
현금

③ thẻ tín dụng 태 띤 중
신용카드

어서옵쇼~

④ túi 뚜이
가방

⑤ camera 까메라
카메라

내 애마~

대도시에서는 소매치기와 같은 도난과 분실에 유의해야 한다.

하노이나 호치민 같은 곳에서는 많은 외국인들이 몰려들기 때문에 소매치기 같은 도난과 분실이 자주 일어난다. 자전거는 물론 오토바이까지 도난 당하는 일도 많다.

공공장소에서는 근처에 giữ xe 즈쌔 라고 하는 **주차장**이 있는데, 이곳에 돈을 주고 맡기는 것이 안전하다.

1 좀 도와주시겠어요?

Anh làm ơn giúp tôi được không?

아잉 람 언 즙 또이 드억 콩

2 가까운 경찰서가 어디 있나요?

Đồn cảnh sát gần nhất ở đâu ạ?

돈 까잉 쌋 건 녓 어 도우 아

경찰

3 지갑을 잃어버렸습니다.

Tôi bị mất ví.

또이 비 멋 비

4 어디에 신고를 해야 하나요?

Tôi phải khai báo ở đâu?

또이 파이 카이 바오 어 도우

5 분실물보관소가 있습니까?

Nơi bảo quản đồ thất lạc ở đâu ạ?

너이 바오 관 도 텃 락 어 도우 아

6 택시에 가방을 두고 내렸어요.

Tôi để quên túi trên taxi.

또이 데 꿴 뚜이 쩬 딱씨

7 공항에서 제 짐이 사라졌습니다.

Ở sân bay đồ đạc của tôi đã biến mất.

어 썬 배이 도 닥 꿔 또이 다 비엣 멑

8 표를 두고 왔습니다.

Tôi để quên vé.
또이 데 꿴 배

9 여권을 잃어버렸습니다.

Tôi mất hộ chiếu rồi.
또이 멑 호 찌에우 조이

10 가방 안에는 여권, 현금, 신용카드, 면허증 등이 있습니다.

Trong túi có hộ chiếu, tiền mặt, thẻ tín dụng, bằng lái xe v.v...
쭝 뚜이 꼬 호 찌에우 띠엔 멑 태 띤 중 방 라이 쌔

11 교통사고가 났습니다.

Bị tai nạn giao thông.   *tai nạn giao thông 따이 난 자오 통 교통사고
비 따이 난 자오 통

> tip bị mất ~ 비 맏은 ~이 없어지다 라는 뜻으로, 수동의 의미를 나타낸다.

12 자전거에 부딪혔습니다.

Tôi đâm vào xe đạp.
또이 덤 바오 쌔 답

교통수단			
• 버스	xe buýt 쌔 뷧	• 씨클로	xích lô 씨끌로
• 택시	taxi 딱씨	• 자전거	xe đạp 쌔 답
• 쌔옴	xe ôm 쌔 옴	• 오토바이	xe máy 쌔 마이

13 분실증명서를 주세요.

Hãy đưa cho tôi giấy chứng nhận bị mất đồ.
해이 드아 쪼 또이 제이 쯩 년 비 멑 도

무슨일 있어요? 안색이 안좋아보여요!

A) Có chuyện gì thế? Trông sắc mặt anh không được khỏe?
꼬 쭈웬 지 테 쫑 싹 맛 아잉 콩 드억 쾌

병원에 같이 가 주세요.

B) Chị đi đến bệnh viện cùng tôi với.
찌 디 덴 베잉 비엔 꿍 또이 버이

어디 아프니?

A) Anh đau ở đâu?
아잉 더우 어 도우

* Anh đau ~ à? ~가 아프니?
아잉 비 더우 아

열이 나요.

B) Sốt cao.
쏫 까오

컨디션

• 감기에 걸리다	bị cảm 비 깜	• 어지럽다	chóng mặt 쫑 맛
• 설사하다	đi ngoài 디 응오아이	• 컨디션이 나쁘다	🔵 bị ốm 비 옴 🔴 bị bệnh 비 벵
• 차멀미하다	say xe 새이 쌔	• 식욕이 없다	không muốn ăn 콩 무온 안

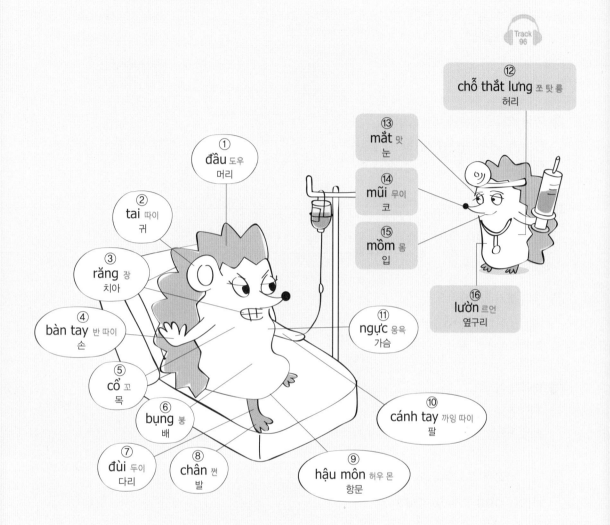

⑫ chỗ thắt lưng 쪼 탓 릉
허리

⑬ mắt 맛
눈

⑭ mũi 무이
코

⑮ mồm 몸
입

⑯ lườn 르언
옆구리

① đầu 도우
머리

② tai 따이
귀

③ răng 장
치아

④ bàn tay 반 따이
손

⑤ cổ 꼬
목

⑥ bụng 붕
배

⑦ đùi 두이
다리

⑧ chân 쩐
발

⑨ hậu môn 허우 몬
항문

⑩ cánh tay 까잉 따이
팔

⑪ ngực 응윽
가슴

～가 아프다. đau ～ . 더우

Tôi đau đầu. 또이 더우 더우   머리가 아파요.

아플 때...

아프거나 음식때문에 고생을 할 때는 베트남병원이나 국
제병원 또는 한국인병원에 가면 된다.
또한 질병에 걸리지 않도록 물은 사서 마시는 것이 좋으며,
비상의약품은 미리 준비해두는 것이 좋다.

유용한
표현

1 가장 가까운 병원은 어디인가요?

Bệnh viện gần nhất ở đâu?
벵 비엔 건 녓 어 도우

* Bệnh viện 벵 비엔 병원

2 구급차를 불러주세요.

Gọi xe cấp cứu giúp tôi với.
고이 쌔 껍 끄우 즙 또이 버이

* xe cấp cứu 쌔 껍 끄우

3 몸이 좋지 않아요.

Người tôi không khỏe.
응으이 또이 콩 쾌

4 머리가 아파요.

Tôi đau đầu.
또이 더우 도우

5 감기에 걸린 것 같아요.

Hình như tôi bị cảm.
힝 니으 또이 비 깜

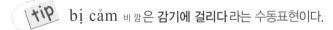

tip   bị cảm 비 깜은 감기에 걸리다 라는 수동표현이다.

6 머리가 어지러워요.

Tôi chóng mặt.
또이 쫑 맛

7 설사를 해요.

Tôi bị tiêu chảy.
또이 비 띠에우 짜이

180

8 속이 메스꺼려요.

Bụng khó chịu.
붕 코 찌우

9 체한 것 같아요.

Tôi thấy như bị nghẹn.
또이 테이 니으 비 응앤

10 침을 삼키면 목이 아파요.

Nuốt nước bọt thì cổ đau.
누옷 느억 봇 티 꼬 더우

tip cổ đau 꼬 더우 는 목이 아프다 라는 뜻이다.

11 기침이 많이 납니다.

Tôi ho nhiều.   * ho 호 기침
또이 호 니에우

12 어제부터 콧물이 납니다.

Từ hôm qua tôi bị chảy nước mũi.
뜨 홈 꽈 또이 비 째이 느억 무이

13 이 약은 언제 먹습니까?

Thuốc này uống lúc nào?
투옥 내이 우옹 룩 나오

tip 약은 이미 먹었어요. 는 Tôi uống rồi. 또이 우옹 조이
약은 아직 먹지 않았어요. 는 Tôi chưa uống. 또이 쯔어 우옹 라고 한다.

14 하루에 몇 번 먹나요?

Một ngày uống mấy lần?   * mấy lần 메이 런 몇 번
몯 응애이 우옹 메이 런

15 1일 3회 식전/식후에 드세요.

Ngày 3 lần trước khi/sau khi ăn.

응애이 바 런 쯔억 키 싸우 키 안

16 해외여행자보험에 들어있습니다.

Có bao gồm bảo hiểm cho người du lịch nước ngoài.

꼬 바오 곰 바오 히엠 쪼 응으이 주 릭 느억 응오아이

                                      * bảo hiểm 바오 히엠 보험

17 진단서가 필요합니다.

Tôi cần giấy chẩn đoán bệnh.

또이 껀 제이 쩐 단 베잉

18 처방전이 필요합니다.

Tôi cần đơn thuốc.

또이 껀 던 투옥

19 사본이 필요합니다.

Tôi cần bản sao.

또이 껀 반 싸오

20 보험금을 청구할 서류가 필요합니다.

Tôi cần hồ sơ yêu cầu tiền bảo hiểm.

또이 껀 호 서 이에우 꼬우 띠엔 바오 히엠

21 필요한 서류가 무엇인가요?

Các hồ sơ cần thiết là gì?

깍 호 서 껀 티엣 라 지

네이버 검색창에서 **열공 베트남어 첫걸음**을 쳐 보세요.

 **NAVER** | 열공 베트남어 첫걸음 ▼ | 검색

지금 바로 **http://www.kndu.kr** 에서 동영상 강의를 신청하세요.

 열공 **베트남어 첫걸음**

베트남 하노이 대학을 졸업한 **장연주 샘**의

쉽고 재미있는 **베트남어 강의**

완전 쉬워요~

1강 오늘날의 베트남어

Chữ Quốc Ngữ
자국어(베트남어 문자)

언제든지 편안하게 강의를 들을 수 있다!

강의만 들어도 **기초 베트남어 생활회화 마스터**

베트남 현지에서 직접 터득한 **학습노하우 전수**

(유료)

디지스 베트남어

카카오플러스에서 1:1 상담으로
함께 공부하세요!

쉽고 간단한 **베트남어**
회화
표현
UP

저자 Nguyễn An Ba / 김태연
1판 1쇄 2018년 11월 1일
Editorial Director 김인숙
Printing 삼덕정판사

발행인 김인숙
Designer 김미선

발행처 디지스

139-240
서울시 노원구 공릉동 653-5

대표전화 02-963-2456
팩시밀리 02-967-1555
출판등록 제 6-694호
ISBN 978-89-91064-84-3

Digis ⓒ2018, Digis, Co.

Digis 에서는 참신한 외국어 원고를 모집합니다.